Chrysostomus Ripplinger
Maria, Mutter Gottes, bitte für uns

Neue Marienandachten

W0049045

Chrysostomus Ripplinger

Maria,

Mutter Gottes,
bitte für uns

Neue Marienandachten

Bibliografische Information Der Deutschen Bibliothek

Die Deutsche Bibliothek verzeichnet diese Publikation
in der Deutschen Nationalbibliografie;
detaillierte bibliografische Daten sind im Internet über
http://dnb.ddb.de abrufbar.

ISBN 3-7462-1586-2
© St. Benno Buch- und Zeitschriftenverlagsgesellschaft mbH
Leipzig 2003
Umschlaggestaltung: Ulrike Vetter, Leipzig, unter Verwen-
dung eines Fotos von Toni Schneiders, Lindau, „Madonna
mit Kind und Traube", Haunstetten (Oberbayern)
Gesamtherstellung: Kontext , Lemsel

Inhalt

Geleitwort

Wie ein Sonnenstrahl bei einem Edelstein immer neue Farben und Lichtwirkungen hervorruft, so zeigen uns die Anrufungen der *Lauretanischen Litanei* Maria in stets neuem Licht. Maria verweist ganz auf Gott, indem sie spricht: *„Meine Seele preist die Größe des Herrn."* Gott hat sie zur Mutter seines Sohnes erwählt, von dem sie allen Glanz besitzt. Maria stimmte vorbehaltlos dem Plane Gottes zu, sie hielt ihr Ja-Wort durch bis hin unter das Kreuz. Freude und Leid bestimmen ihr Leben, was sich in den Anrufungen der *Lauretanischen Litanei* widerspiegelt. Wir verehren Maria und erflehen ihre Fürbitte und loben dabei Gott, der Großes durch Maria an uns getan hat.

Marienlitaneien sind seit dem 12. Jahrhundert nachweisbar und haben sich aus der *„Allerheiligenlitanei"* entwickelt. Der Name *Lauretanische Litanei* begegnet uns erstmals im 16. Jahrhundert als Wechselgebet der Loretopilger. Immer wieder werden die Anrufungen dieser Litanei im Laufe der Jahrhunderte durch Päpste erweitert. Zuletzt fügte Papst Johannes Paul II. 1980 die Anrufung *„Mutter der Kirche"* ein.

Der theologische Aufbau dieser Litanei nennt nach der Anrufung der drei göttlichen Personen zunächst die drei einleitenden Anrufungen *„Hl. Maria"*, *„Hl. Jungfrau"* und *„Hl. Mutter Gottes"*, wobei die letztere das tragende Fundament der Marienverehrung ist. Zwei Andachten greifen die einleitenden Rufe auf.

Es folgen 12 Mutteranrufungen, denen drei Andachten gewidmet sind. Von den fünf Jungfrauenanrufungen wird Maria als *„Jungfrau, von den Völkern gepriesen"* zur Betrachtung vorgestellt. Aus den 13 Symbolanrufungen ist ein Andachtsmodell entstanden. Die vier Anrufungen – Maria als Nothelferin – haben drei der vorliegenden Andachten inspiriert.

Von den 12 Königin-Anrufungen können zwei zur vertieften Andacht gebetet werden. Mit der Betrachtung *„Königin des Friedens"* schließt sich der Kreis wieder. In den Hochgebeten der heiligen Messe werden Einheit und Frieden als Werk des Heiligen Geistes gesehen. Maria ist nach dem Glauben der Kirche bevorzugtes Werkzeug des Heiligen Geistes. Der Heilige Geist wirkt auch heute in der Kirche Jesu Christi, die der mystische Leib Christi ist, indem sie das *„totus tuus"* Mariens lebt. Dazu wollen die 12 vorliegenden Andachten und der angefügte Anhang ermutigen.

Chrysostomus Ripplinger OSB

Maria –

Heilige Mutter Gottes

„Als die Zeit erfüllt war,
sandte Gott seinen Sohn,
geboren von einer Frau
und dem Gesetz unterstellt."

(Gal 4,4)

Eröffnung

Lied

Den Herren will ich loben *(GL 261,1-3)*

V   Im Namen des Vaters und des Sohnes und des Heiligen Geistes.

A   Amen.

V   Gott, unser Vater, du hast die Jungfrau Maria zur Mutter deines Sohnes erwählt. Maria gab dir dazu ihr vorbehaltloses Ja-Wort. Darum ist sie die Gottesgebärerin geworden; zwar nicht in dem Sinne, als ob Christus seine göttliche Natur von ihr empfangen hätte, diese vereinigte sich durch das Wirken des Hl. Geistes mit seiner menschlichen Natur im Schoß Mariens, die uns Jesus geboren hat als Erlöser der Welt. Der Titel Marias als *Mutter Gottes* ist das Fundament der Marienverehrung.
Wir danken dir, Gott, unser Vater, für die Erwählung Mariens, weil du unser Menschsein dadurch erhoben hast.

A   Sei gepriesen, Gott, unser Vater, für das Werk der Erlösung und Rettung.

V   Gott, unser Vater, in Maria leuchtet uns das Bild des Menschen auf, wie du ihn im Paradies haben wolltest. Sie ist die Mutter des neuen Lebens, die neue Eva. Dienend sollte Maria in ihrer Liebe mitwirken am Heil der Menschheit. In deinem Auftrag sprach der Engel Gabriel in seinem Grußwort zu Maria: *„Sei gegrüßt, du Begnadete, der Herr ist mit dir"* (Lk 1,28). Elisabeth erkannte preisend die Würde der Gottesmutter an, indem sie ausrief: *„Gesegnet bist du mehr als alle anderen Frauen, und gesegnet ist die Frucht deines Leibes"* (Lk 1,42).

A Sei gepriesen, Gott, unser Vater, für das Werk der Erlösung und Rettung.

V Gott, unser Vater, allmächtiger Schöpfer der Welt, du hast in unendlicher Liebe alles erschaffen. Von Ewigkeit sahst du, der unendlich Vollkommene, die Welt in ihrer Schönheit, du sahst den Menschen, der sich an deinem Werk erfreut und durch sein Lob deine Allmacht und Weisheit preist. Deine Liebe lässt sich nicht übertreffen. In deinem ewigen Schöpferplan steht das Bild der zweiten Eva vor uns: Maria, die Mutter der Lebendigen. Sie ist voll der Gnade und bringt dem Menschen all das wieder, was die erste Eva verloren hat.

A Sei gepriesen, Gott, unser Vater, für das Werk der Erlösung und Rettung.

Lied
Maria, Mutter unsres Herrn *(GL 577,1-2)*

Lesung

Gal 4,4-7

Gott sandte seinen Sohn, geboren von einer Frau, damit wir die Sohnschaft erlangen.

Lesung aus dem Brief des Apostels Paulus
an die Galater

Brüder und Schwestern!
Als die Zeit erfüllt war,
sandte Gott seinen Sohn,
geboren von einer Frau
und dem Gesetz unterstellt,
damit er die freikaufe,
die unter dem Gesetz stehen,
und damit wir die Sohnschaft erlangen.
Weil ihr aber Söhne seid,
sandte Gott den Geist seines Sohnes
in unser Herz,
den Geist, der ruft: Abba, Vater.
Daher bist du nicht mehr Sklave, sondern Sohn;
bist du aber Sohn,
dann auch Erbe.
Erbe durch Gott.

Antwortpsalm

Ps 22 (21),4-5.10-11.23-24

V/A

Vom Mutterleib an bist du mein Gott.

V   Mein Gott, du bist heilig,
     du thronst über dem Lobpreis Israels.
     Dir haben unsre Väter vertraut.
     sie haben vertraut, und du hast sie gerettet.

V/A
     Vom Mutterleib an bist du mein Gott.

V   Du bist es, der mich aus dem Schoß meiner
     Mutter zog,
     mich barg an der Brust der Mutter.
     Von Geburt an bin ich geworfen auf dich,
A   vom Mutterleib an bist du mein Gott.
V   Ich will deinen Namen meinen Brüdern
     verkünden,
     inmitten der Gemeinde dich preisen.
     Dir ihr den Herrn fürchtet, preist ihn,
     ihr alle vom Stamm Jakobs, rühmt ihn;
     erschauert alle vor ihm, ihr Nachkommen
     Israels!

V/A
     Vom Mutterleib an bist du mein Gott.

Lied

Maria, Mutter unsres Herrn *(GL 577,4)*

Te Deum

V   Dich, Gott, loben wir,
     dich, Herr, preisen wir.

A   Dir, dem ewigen Vater,

huldigt das Erdenrund.

V   Dir rufen die Engel alle,
     dir Himmel und Mächte insgesamt,

A   die Cherubim dir und die Serafim,
     mit niemals endender Stimme zu:

V   Heilig, heilig, heilig der Herr,
     der Gott der Scharen!

A   Voll sind Himmel und Erde
     von seiner hohen Herrlichkeit.

V   Dich preist der glorreiche Chor der Apostel,

A   dich der Propheten lobwürdige Zahl,

V   dich der Märtyrer weißgewandetes Heer.

A   Dich preist über das Erdenrund
     die heilige Kirche,

V   dich, den Vater unmessbarer Majestät,

A   deinen verehrungswürdigen,
     wahren und einzigen Sohn

V   und den Heiligen auch,
     den Fürsprecher Geist.

A   Du König der Herrlichkeit, Christus,

V   du bist des Vaters all-ewiger Sohn.

A   Du hast der Jungfrau Schoß nicht verschmäht,
     bist Mensch geworden,
     den Menschen zu befreien.

V   Du hast bezwungen des Todes Stachel
     und denen, die glauben,
     die Reiche der Himmel aufgetan.

A   Du sitzest zur Rechten Gottes

in deines Vaters Herrlichkeit.

V   Als Richter, so glauben wir,
kehrst du einst wieder.

A   Dich bitten wir denn,
komme deinen Dienern zu Hilfe,
die du erlöst mit kostbarem Blut.

V   In der ewigen Herrlichkeit
zähle uns deinen Heiligen zu.

A   Rette dein Volk, o Herr,
und segne dein Erbe

V   und führe sie und erhebe sie
bis in Ewigkeit.

A   An jedem Tag benedeien wir dich

V   und loben in Ewigkeit deinen Namen
bis hinein in die Ewigkeiten der Ewigkeit.

A   In Hulden wollest du, Herr,
an diesem Tag uns ohne Schuld bewahren.

V   Erbarme dich unser, o Herr,
erbarme dich unser.

A   Lass dein Erbarmen über uns geschehn,
wie wir gehofft auf dich.

V   Auf dich, o Herr,
habe ich meine Hoffnung gesetzt.
In Ewigkeit werde ich nicht zuschanden.

A   Amen.

(T.: 4. Jh.; Übertragung Romano Guardini 1950)
Stille

Lied

Maria, breit den Mantel aus *(GL 595,4)*

Fürbitten

V Herr Jesus Christus, du hast deine Mutter Maria auch uns zur Mutter gegeben. Wir rufen zu dir:

V Stehe deiner Kirche, ihren Bischöfen, Priestern, Diakonen, Ordensleuten und allen Laien bei, damit sie stets nur das Reich Gottes sucht und verkündet.
Christus, höre uns.

A Christus, erhöre uns.

V Segne und stärke die Mütter, damit sie ihren Dienst in Familie und Beruf erfüllen können.
Christus, höre uns.

A Christus, erhöre uns.

V Ermutige die alleinerziehenden Mütter, damit sie nicht verzagen und ihren Pflichten nachkommen können.
Christus, höre uns.

A Christus, erhöre uns.

V Stehe den alten Müttern bei, die ihren Ehepartner verloren haben und niemanden haben, der sich um sie kümmert.

Christus, höre uns.

A Christus, erhöre uns.

V Herr, unser Gott,

du hast deinen Sohn
vom Himmel
in den Schoß der heiligen Jungfrau gesandt.
Er ist das Wort des Heiles
und das Brot des Lebens.
Gib, dass wir Christus aufnehmen wie Maria,
indem wir seine Worte im Herzen bewahren
und gläubig das Heilswerk feiern.
Darum bitten wir durch ihn, Jesus Christus.

A Amen.

Segensbitte

V Wir bitten um Gottes Segen.
Es segne uns der gütige Vater, der Maria zur
Mutter seines Sohnes erwählt hat.

A Amen.

V Es segne uns Jesus Christus, der uns seine Mutter als Mutter anvertraut hat.

A Amen.

V Es segne uns der Heilige Geist, der auch heute
noch in unserer Welt wirkt.

A Amen.

Schlusslied

Maria, dich lieben *(GL 594,5-6)*

Maria –

Heilige Jungfrau

„Ich sah die heilige Stadt,
das neue Jerusalem."

(Offb 21,2)

Eröffnung

Lied

Ave Maria klare *(GL 581,1-2)*

V Im Namen des Vaters und des Sohnes und des Heiligen Geistes.

A Amen.

Lobpreis

V Vater im Himmel, wir danken dir für das Werk deiner Liebe. Du hast Maria vor der Erbschuld bewahrt und mit der Fülle der Gnade beschenkt. Du hast sie erwählt, die Mutter deines Sohnes zu werden. In unversehrter Jungfräulichkeit hat sie deinen Sohn Jesus Christus geboren.

A Wir danken dir für die Erwählung der Jungfrau Maria.

V Vater im Himmel, wir danken dir für Maria, die das Urbild und der Anfang der Kirche ist, der makellosen Braut deines Sohnes. Maria ist für uns ein Vorbild der Heiligkeit. Auf ihre Fürsprache vertrauen wir, da sie uns durch ihren Sohn deine Gnade erfleht.

A Wir danken dir für die Erwählung der Jungfrau Maria.

V Vater im Himmel, du hast die jungfräuliche Gottesmutter Maria in den Himmel erhoben. Von ihrem Sohn, Jesus Christus, empfing sie die Krone der Herrlichkeit. Dem pilgernden Volk ist sie ein Zeichen der Hoffnung und eine Quelle des Trostes. Darum preisen wir dein Erbarmen, dass du uns in deinem Sohn Erlösung geschenkt hast.

A Wir danken dir für die Erwählung der Jungfrau Maria.

Lesung

Offb 21,1-5a

Ich sah die heilige Stadt, das neue Jerusalem, … sie war bereit wie eine Braut, die sich für ihren Mann geschmückt hat.

Lesung aus der Offenbarung des Johannes

Ich, Johannes,
sah einen neuen Himmel und eine neue Erde;
denn der erste Himmel und die erste Erde sind
    vergangen,
auch das Meer ist nicht mehr.
Ich sah die heilige Stadt, das neue Jerusalem,
von Gott her aus dem Himmel herabkommen;
sie war bereit wie eine Braut,
die sich für ihren Mann geschmückt hat.
Da hörte ich eine laute Stimme vom Thron her rufen:

Seht, die Wohnung Gottes unter den Menschen!
Er wird in ihrer Mitte wohnen,
und sie werden sein Volk sein;
und er, Gott, wird bei ihnen sein.
Er wird alle Tränen von ihren Augen abwischen:
Der Tod wird nicht mehr sein,
keine Trauer, keine Klage, keine Mühsal.
Denn was früher war, ist vergangen.
Er, der auf dem Thron saß, sprach:
Seht, ich mache alles neu.

Lied

Eine große Stadt ersteht *(GL 642,1-3)*

Gebet

A   Jungfrau, Mutter Gottes mein,
     lass mich ganz dein eigen sein!
     Dein im Leben und im Tod;
     dein in Unglück, Angst und Not;
     dein in Kreuz und bittrem Leid;
     dein für Zeit und Ewigkeit.
     Jungfrau, Mutter Gottes mein,
     lass mich ganz dein eigen sein!

     Mutter, auf dich hoff' und baue ich.
     Mutter, zu dir ruf' und seufze ich.
     Mutter, du Gütigste, steh mir bei!
     Mutter, du Mächtigste, Schutz mir verleih!
     O Mutter, so komm, hilf beten mir!
     O Mutter, so komm, hilf streiten mir!

O Mutter, so komm, hilf leiden mir!
O Mutter, so komm und bleib bei mir!

Du kannst mir ja helfen, o Mächtigste.
Du willst mir ja helfen, o Gütigste.
Du musst mir nun helfen, o Treueste.
Du wirst mir auch helfen, Barmherzigste.
O Mutter der Gnade, der Christen Hort!
Du Zuflucht der Sünder, des Heiles Port!
Du Hoffnung der Erde, des Himmels Zier!
Du Trost der Betrübten, ihr Schutzpanier!

Wer hat je umsonst deine Hilf angefleht?
Wann hast du vergessen ein kindlich Gebet?
Drum ruf ich beharrlich in Kreuz und in Leid:
„Maria hilft immer! Sie hilft jederzeit!"
Ich ruf' voll Vertrauen in Leiden und Tod:
„Maria hilft immer, in jeglicher Not!"
So glaub' ich und lebe und sterbe darauf:
„Maria hilft mir in den Himmel hinauf!"

Lied

Ave Maria zart *(GL 583,1-3)*

Impuls
Junge Mutter

Wenn es auch selbstverständlich ist, eine Mutter zu haben, so ist doch die Beziehung zur Mutter eine ganz besondere. So lädt uns auch das Leben des Gottessohnes dazu ein, seine Mutter in der Beziehung zu ihm zu betrachten. Unüberschaubar sind die Kunstwerke, die Maria als junges Mädchen darstellen: bei der Verkündigung, neben der Krippe, im Tempel. Eine ganz andere Maria begegnet uns auf dem Leidensweg und unter dem Kreuz: eine erfahrene, reife und treue Mutter, die den Lebensweg des Sohnes mitging.

Die letzte Station dieses Weges stellte Michelangelo (1475-1564) in seiner berühmten Pietà dar. Als Papst Paul VI. vor dem restaurierten Werk stand, sagte er: Hier ist Arbeit Gebet geworden.

Neben dem friedvollen Gesicht der Gottesmutter fällt dem Betrachter besonders ihre Jugendlichkeit auf. Sofort fragt man sich, weshalb Michelangelo einer Mutter mit einem über dreißig Jahre alten Sohn ein so jugendliches Gesicht geben konnte. Seinem Schüler Ascanio Condivi gab er darauf die Antwort: „Weißt du nicht, dass die keuschen Frauen sich viel frischer erhalten als die unkeuschen? Um wie viel mehr also eine Jungfrau, welche niemals auch nur der geringste wollüstige Gedanke befiel, der ihren Leib hätte entstellen können. (…) Das war bei dem Sohn nicht nötig; vielmehr eher das Gegenteil, weil zu zeigen war, dass der Sohn Gottes wirklich einen menschlichen Körper angenommen hat. (…) Darum steht's dir nicht zu, dich zu wundern, wenn mich diese Einsicht bewog, die Allerheiligste Jungfrau, die Mutter Gottes, im Vergleich zu ihrem Sohn weit jünger zu gestalten, als es jenes Alter gewöhnlich fordert, dem Sohn aber sein Alter zu lassen."

Hier klingt eine tiefe Einsicht an: die Jugendlichkeit eines Menschen entscheidet sich in seinen Gedanken. Bedenkt man dies, dann versteht man auch Ärzte und Psychologen, wenn sie behaupten: „Die unheilvollste Krankheit des heutigen Menschen ist die Negativität seines Denkens. Vielen Patienten fehlt nichts außer gesunden Gedanken."

So könnte es mit der jungen Mutter in der Fastenzeit darum gehen, die Reinigung der Gedanken und Gefühle von allem Ungesunden, Unsinnigen und Destruktiven in Angriff zu nehmen. Maria bezog ihre Frische daraus, dass Gott für sie ein wirklicher positiver Partner war – auch in der Negativität mancher Lebenserfahrung. Alles mit den Augen Gottes sehen – das könnte ihr unausgesprochenes Lebensmotto sein. Diese Regel ist auch uns angeboten, um Unausgegorenes zu klären und zu reinigen – etwa Egoismus, Selbstwertgefühl, Sexualität, … – Auch wenn wir altern, wir bleiben doch jung. So hat die Jugendlichkeit der Gottesmutter ihren schönen Sinn.*

---

*   *Bertram Meier*, in: L'Osservatore Romano
      vom 20. März 1987. Rechte beim Autor.

Lied

Ave Maria zart *(GL 583, 5)*

Fürbitten

V Lasst uns beten zu unserem Herrn Jesus Christus.

V Für alle Kinder, die in unserer Mitte klein und wehrlos sind, dass ihnen nichts Böses zustößt, dass sie, im Glauben durch Vorbilder gestärkt, das Wahre und Gute suchen.
Christus, höre uns.

A Christus, erhöre uns.

V Lasst uns beten für die jungen Menschen, dass sie die Botschaft Christi kennen lernen und sich für das Leben und die christlichen Werte einsetzen.
Christus, höre uns.

A Christus, erhöre uns.

V Lasst uns beten für alle, die in der Kraft ihres Lebens stehen, dass es ihnen stets um das Wohl des Nächsten gehe.
Christus, höre uns.

A Christus, erhöre uns.

V Lasst uns beten für die alten Menschen, dass ihr Herz jung bleibt und sie durch ihre Lebenserfahrung vielen Menschen Wege in die Zukunft zeigen.
Christus, höre uns.

A   Christus, erhöre uns.

V   Gott, unser Vater, du hast uns in Maria das vollkommene Bild des Menschen geschenkt. Bewahre die verschiedenen Generationen in Eintracht und Frieden. Darum bitten wir durch Christus, unseren Herrn.

A   Amen.

Segensbitte

V   Gott ist der Schöpfer des Himmels und der Erde. Er ist uns in seinem Sohn Jesus Christus nahe gekommen.
Er lasse über uns sein Angesicht leuchten und gebe uns seinen Frieden.

A   Amen.

Schlusslied

Maria, dich lieben *(GL 594,1-3)*

Maria –

Mutter der Kirche

*„Bei dem Kreuz Jesu
stand seine Mutter."*

(vgl. Joh 19,25)

Eröffnung

V Im Namen des Vaters und des Sohnes und des
    Heiligen Geistes.

A Amen.

Lied

Maria, Mutter unsres Herrn *(GL 577,1.4)*

Lobpreis der Gottesmutter

V O Maria, Mutter der Kirche,
    du hast das Wort Gottes gläubig angenommen
    und den einzigen Sohn des Vaters geboren.

A Muttergottes, heilige Gottesgebärerin,
    wir grüßen dich.

V O Maria, Mutter der Kirche,
    du warst deinem Sohn eine liebende Mutter,
    du hast bei ihm ausgehalten, auch unter dem
    Kreuz.

A Muttergottes, auch uns zur Mutter gegeben,
    wir verehren dich.

V O Maria, Mutter der Kirche,
    du hast um deinen Sohn getrauert,
    er wurde dir entrissen durch den Tod.

A Muttergottes, du voller Mitleid,
    wir danken dir.

V O Maria, Mutter der Kirche,
du durftest Ostern erfahren,
die Botschaft der Jünger von der Auferstehung
hören.

A Muttergottes, du voller Freude,
mit dir jubeln wir.

V O Maria, Mutter der Kirche,
am Pfingsttag warst du im Kreis der Jünger,
auf dich kam der Heilige Geist herab.

A Muttergottes, Urbild der Kirche,
wir rühmen dich.

V O Maria, Mutter der Kirche,
in den Himmel aufgenommen und mit Ehre
gekrönt.

A Muttergottes,
du schaust Christus in Herrlichkeit,
wir singen dein Lob,
wir preisen dich selig,
wir rufen zu dir,
wir vertrauen auf dich.
O selige Jungfrau,
unsre Fürsprecherin,
unsere Helferin,
Mutter der Kirche,
bitte für uns.
Amen.

Lied

Ave Maria klare *(GL 581,1.2.6)*

Evangelium

Joh 19,25-27

Bei dem Kreuz Jesu stand seine Mutter.

Aus dem heiligen Evangelium nach Johannes

In jener Zeit
standen bei dem Kreuz Jesu seine Mutter
und die Schwester seiner Mutter, Maria,
die Frau des Klopas,
und Maria von Magdala.
Als Jesus seine Mutter sah
und bei ihr den Jünger, den er liebte,
sagte er zu seiner Mutter:
Frau, siehe, dein Sohn!
Dann sagte er zu dem Jünger:
Siehe, deine Mutter!
Und von jener Stunde an
nahm sie der Jünger zu sich.

Betrachtung

Die eben gehörten Verse aus dem Johannesevange-
lium sind von unglaublicher Schönheit und Tiefe.
Hier zeigt sich die Liebe Jesu zu seiner Mutter am
deutlichsten. Keine andere Stelle der Evangelien be-
schreibt die einzigartige Beziehung Jesu zu seiner
Mutter treffender.
Als eine Art ganz persönliches Vermächtnis gibt
Jesus den Jünger seiner Mutter zum Sohn. Dahinter

steht mehr als eine bloß praktische Überlegung, dass der Jünger für Maria sorgen soll.

Im Lieblingsjünger des Herrn, in Johannes, darf sich die Kirche selbst erkennen. Sie, die aus der Seitenwunde Jesu, d. h. aus seiner unendlichen Liebe hervorgeht, erhält in Maria eine ganz besondere Mutter. Sie hat Christus geboren, den Erlöser der Welt, den Sohn Gottes. Sie ist die wahre Mutter Gottes, das Heiligtum des Heiligen Geistes, die Ursache unseres Heiles.

Das Mutter-Sein Mariens ist nicht auf ihr irdisches Leben beschränkt, sondern es wirkt fort, dauert an, bis heute. Durch ihre vielfältige Fürbitte, durch ihre mütterliche Liebe, durch ihre Sorge um uns als Schwestern und Brüder ihres Sohnes ist sie uns nahe.

Wie sie mit den Jüngern vereint war im Gebet und bei der Ausgießung des Heiligen Geistes, so ist sie auch durch die Gnade Gottes der Kirche verbunden. Denn zur Kirche gehören die, die wie Maria in Einheit mit Christus stehen.

Maria ist Urbild und Mutter der Kirche, ihrem mütterlichen Schutz und ihrer Fürsprache darf sich die Kirche anvertraut wissen.

Indem Maria bei der Verkündigung ihr Ja spricht zur Botschaft des Engels, stimmt sie auch dem Kreuzesopfer ihres Sohnes Jesus zu. Da sie Christus empfängt, schenkt sie ihn der ganzen Welt. Durch sie gelangt Christus in die Herzen der Glaubenden, wird er in ihnen geboren, macht er sie zu seinem Volk. Er ruft sie heraus aus allen Völkern, und das ist es, was das lateinische Wort für Kirche – ecclesia – meint. Christus ruft die Kirche zu sich, zu sich in die Vollendung, wo Maria schon ist. Die Kirche ist also immer (noch) auf dem Weg, ist pilgerndes Gottesvolk in der Zeit, wie es das Zweite Vatikanische Konzil ausdrückt.

Antwortgesang
Antiphon

V/A

> Gesegnet bist du, Mutter des Herrn,
> du Maria, Mutter der Kirche.

V Gesegnet bist du von Gott, dem Allerhöchsten,
mehr als alle anderen Frauen auf der Erde.

A Die Erinnerung an dein Vertrauen
soll in Ewigkeit nicht aus den Herzen der Menschen entschwinden.

V Gott möge dir ewigen Ruhm schenken
und dich reich mit seinem Segen belohnen.

A Du bist der Ruhm Jerusalems,
du bist die große Freude Israels.

V Die Quelle des Gartens bist du,
ein Brunnen lebendigen Wassers.

A Gott hat dich erwählt, damit du heilig seist
und ohne Makel von Anbeginn.

V Selig bist du, die geglaubt hat, dass sich erfüllt,
was der Herr ihr sagen ließ.

A Ehre sei dem Vater und dem Sohn
und dem Heiligen Geist,

V wie im Anfang, so auch jetzt und alle Zeit
und in Ewigkeit. Amen.

A Gesegnet bist du, Mutter des Herrn,
du, Maria, Mutter der Kirche.

Fürbitten

V Gott, du unser Vater,
an dich dürfen wir uns immer wenden
mit unseren Nöten und Bitten.
Erhöre auf die Fürsprache Mariens,
die wir als Mutter der Kirche verehren,
unser Rufen:

V Lass die Kirche zur Mutter aller Menschen
werden
und mehre die Zahl ihrer Glieder.

A Wir bitten dich, erhöre uns.

V Schenke deiner Kirche inneres Wachstum
an Glauben, Hoffnung und Liebe.

A Wir bitten dich, erhöre uns.

V Lass deinen Geist in der Kirche stets lebendig
sein und schenke ihr gute Hirten.

A Wir bitten dich, erhöre uns.

V Hilf der Kirche, vor der Welt und den Menschen
deine Liebe zu bezeugen und zu leben.

A Wir bitten dich, erhöre uns.

V Lass die Kirche in Maria ihr Vorbild und ihre
Mutter erkennen.

A   Wir bitten dich, erhöre uns.

V   Gemeinsam beten wir in den Anliegen der Kirche, indem wir unsere persönlichen Bitten einschließen:

A   Vater unser …
Amen.

Gebet

V   Herr und Gott,
du hast der Kirche in Maria ein Bild
ihrer mütterlichen Aufgabe vor Augen gestellt.
Wir ehren in Maria die Mutter deines Sohnes.
Als Mutter des Erlösers
ist sie die Ursache unseres Heiles
und Mutter aller Lebendigen,
da in Christus alle das neue, unvergängliche
Leben haben.
Christus hat am Kreuz dem Jünger, den er liebte,
Maria als Mutter anvertraut und damit auch uns
eine Mutter gegeben;
so hat Maria nie aufgehört, Mutter zu sein,
Mutter Christi und Mutter der Kirche.
Dafür danken wir dir, Gott und Vater
in Ewigkeit.

A   Amen.

Segen

V   Der allmächtige Gott sei uns,
seiner Kirche, immer nahe,
er behüte uns und schenke uns den Frieden.

A   Amen.

V   Er hat auch uns Maria, die Mutter seines Sohnes,
zur Mutter gegeben,
er lasse in uns wachsen die Liebe zu ihr
und zur Kirche.

A   Amen.

V   In die Herrlichkeit des Himmels erhoben,
hat Maria teil am Leben Christi,
ihre Fürsprache erwirke uns Schutz und Hilfe.

A   Amen.

V   Das gewähre uns der gütige Gott,
der Vater und der Sohn und der Heilige Geist.

A   Amen.

Schlusslied

Salve Regina *(GL 570 [lateinischer Text] oder*
GL 571 [deutscher Text])

Maria –

Mutter der göttlichen Gnade

*„Maria sprach:
Was er euch sagt, das tut!"*

(vgl. Joh 2,5)

Eröffnung

Lied

Gruß dir, Mutter, in Gottes Herrlichkeit
(GL 586,1-3)

V Im Namen des Vaters und des Sohnes und des
Heiligen Geistes.

A Amen.

Lobpreis

V Allmächtiger und gütiger Vater, du hast deinen
Sohn Jesus Christus, der wahrer Gott und wahrer Mensch ist, zum Mittler zwischen dir und
uns Menschen bestellt. Er ist der einzige Mittler
zwischen dir und den Menschen.
Nach dem Ratschluss deiner Liebe jedoch übt
Maria, die selige Jungfrau und Mutter des Erlösers, in der Kirche einen mütterlichen Dienst
aus. Sie ist unsere Fürsprecherin, sie erbittet uns
deine Gnade.

A Wir danken dir für die Liebe der Jungfrau und
Mutter der göttlichen Gnade.

V Allmächtiger und gütiger Vater, Maria ist voll
der Gnade, weil sie dieses dein Geschenk in vor-
behaltloser Bereitschaft, deinen Willen zu erfüllen, angenommen hat. Ihre mütterliche Liebe
lebt aus der Mittlerschaft Christi und schöpft

daraus seine Kraft. Sie gibt an uns weiter, was sie empfangen hat.

A Wir danken dir für die Liebe der Jungfrau und Mutter der göttlichen Gnade.

V Allmächtiger und gütiger Vater, in Angst und Not, in Leid und Gefahr suchen wir vertrauensvoll Zuflucht bei der seligen Jungfrau Maria und rufen sie als Mutter der Barmherzigkeit an. Sie verweist uns dabei auf ihren Sohn, der das Leben in göttlicher Fülle besitzt und uns den Reichtum seiner Gnade im Übermaß schenkt.

A Wir danken dir für die Liebe der Jungfrau und Mutter der göttlichen Gnade.

Impuls zum Evangelium

Ein chinesisches Märchen erzählt von einer Hochzeit. Das Paar will ein großes Fest feiern, und weil die beiden arm sind, bitten sie alle Gäste, eine Flasche Wein mitzubringen und in ein großes Fass zu gießen. Dann würde für alle genug zu trinken da sein. Als das Getränk in Gläser gegossen wird und man miteinander auf das Brautpaar anstößt und den ersten Schluck trinkt – welch betretenes Schweigen. Es ist pures Wasser! Jeder Gast hatte gedacht: Wenn ich eine Flasche Wasser in das Fass schütte, fällt das nicht auf. Beschämt gehen die Gäste nach Hause. Das Fest hat nicht stattgefunden. Denn jeder wollte auf Kosten der anderen feiern, und keiner hatte etwas zur Freude aller beigetragen.

Jesus verwandelt Wasser in Wein. Die Festfreude kann weitergehen. Seine Wunder heißen immer: Es geht weiter, nicht im alten Trott, sondern neu, besser, glücklicher. Was können wir bei uns und unseren Mitmenschen verwandeln, damit das Leben weitergeht – neu, besser, glücklicher?

Evangelium

Joh 2,1-11

So tat Jesus sein erstes Zeichen –
in Kana in Galiläa.

Aus dem heiligen Evangelium nach Johannes

In jener Zeit
fand in Kana in Galiläa eine Hochzeit statt,
und die Mutter Jesu war dabei.
Auch Jesus und seine Jünger waren zur Hochzeit
    eingeladen.
Als der Wein ausging,
sagte die Mutter Jesu zu ihm:
    Sie haben keinen Wein mehr.
Jesus erwiderte ihr: Was willst du von mir, Frau?
Meine Stunde ist noch nicht gekommen.
Seine Mutter sagte zu den Dienern:
Was er euch sagt, das tut!
Es standen dort sechs steinerne Wasserkrüge,
wie es der Reinigungsvorschrift der Juden entsprach;
jeder fasste ungefähr hundert Liter.
Jesus sagte zu den Dienern:
    Füllt die Krüge mit Wasser!

Und sie füllten sie bis zum Rand.
Er sagte zu ihnen: Schöpft jetzt,
und bringt es dem, der für das Festmahl
      verantwortlich ist.
Sie brachten es ihm.
Er kostete das Wasser,
das zu Wein geworden war.
Er wusste nicht, woher der Wein kam;
die Diener aber, die das Wasser geschöpft hatten,
      wussten es.
Da ließ er den Bräutigam rufen
und sagte zu ihm:
      Jeder setzt zuerst den guten Wein vor
und erst, wenn die Gäste zuviel getrunken haben,
den weniger guten.
Du jedoch hast den guten Wein bis jetzt
      zurückgehalten.
So tat Jesus sein erstes Zeichen,
in Kana in Galiläa,
und offenbarte seine Herrlichkeit,
und seine Jünger glaubten an ihn.

Lied

Alle Tage sing und sage *(GL 589,1-2)*

Marienlitanei

V   Maria, du hörtest das Wort: Der Herr ist mit dir.
    Du wusstest dich bei Gott ganz zu Hause und
    wurdest Trägerin des Wortes Gottes.

A   Begleite uns im Hören, damit wir Gottes Willen erfüllen.

V   Maria, du vernahmst das Wort:
Du hast Gnade gefunden bei Gott. Diese Gnade war für dich kein Eigenbesitz, sondern Geschenk zum Weitergeben.

A   Begleite uns in allen unseren Situationen, dass wir das Angebot der Gnade annehmen.

V   Maria, du hast Gottes Wort angenommen: mir geschehe nach deinem Wort. Du fühltest dich bei Gott sicher und geborgen.

A   Begleite uns in allen Begegnungen, bei Spannungen und in Freundschaft.

V   Simeon sagte zu Maria: Deine Seele wird ein Schwert durchdringen. In den Zumutungen Gottes erkanntest du seinen heiligen Willen.

A   Begleite auch uns in Dunkelheit und Gefahr, damit wir auf dem rechten Weg bleiben.

V   Zu deinem Sohn sagtest du nach der Ungewissheit des Suchens: Kind, warum hast du uns das angetan?

A   Begleite auch uns auf unserer Suche nach Gott, damit wir die richtigen Prioritäten in unserem Leben setzen.

V   Maria, du hast bei der Hochzeit zu Kana bemerkt, dass der Wein ausgeht: Sie haben keinen Wein mehr, sagtest du.
Die Festtagsstimmung droht zu kippen, da bittest du deinen Sohn um Hilfe.

A   Trete ein für die Armen und Bedürftigen, damit sie am Leben nicht verzweifeln.

V   Maria, du standest beim Kreuz deines Sohnes und erlittest sein Sterben. Du warst eine mutige und standhafte Frau in Leiden und Sterben.

A   Begleite auch uns in Leiden und Sterben und stelle uns danach deinem Sohne vor.

Lied

Gruß dir, Mutter, in Gottes Herrlichkeit
(GL 586,4)

Gesätz

aus dem freudenreichen Rosenkranz *(GL 33,3)*
Jesus, den du, o Jungfrau,
im Tempel wiedergefunden hast.

Segen

V   Der Herr vermag uns aus seinem Reichtum „Wein" in Fülle zu schenken, kostbarer und besser, als wir erhoffen können.
Deshalb bitten wir um seinen Segen.

A   Es segne und begleite uns der allmächtige Gott: der Vater, der Sohn und der Hl. Geist.
Amen.

Schlusslied

Salve, Regina *(GL 570 oder deutsch 571)*

Maria –

Mutter, du viel Geliebte

*„Ich bin die Mutter
der schönen Liebe."*

(Sir 24,18)

Eröffnung

Lied

Maria, dich lieben *(GL 594,1-2)*

V Im Namen des Vaters und des Sohnes und des Heiligen Geistes.

A Amen.

Lobpreis

V Heiliger Vater, wir danken dir und preisen dich beim Gedenken an die selige Jungfrau Maria. Du hast Großes an ihr getan, du hast ihre Schönheit kundgemacht.

A Wir danken dir für Maria, unsere liebenswürdige Mutter.

V Heiliger Vater, Maria war bei ihrer Empfängnis frei von der Schuld Adams, sie war in ihrem Leben frei von jeder Sünde. Darum leuchtet sie uns im Glanz deiner Gnade.

A Wir danken dir für Maria, unsere liebenswürdige Mutter.

V Heiliger Vater, Maria war schön bei der jungfräulichen Geburt ihres Sohnes Jesus Christus. Sie durfte ihm eine reine Mutter sein. Darum wurde Maria auch für uns die „mater amabilis", die liebenswerte Mutter, die ein Abglanz deiner göttlichen Herrlichkeit ist.

A   Wir danken dir für Maria, unsere liebenswürdige Mutter.

V   Heiliger Vater, die Sündelosigkeit Mariens lässt uns zur Mutter deines Sohnes aufblicken. In ihr entdecken wir das Werk deiner Gnade, die etwas Schönes und Anziehendes, ja Liebe Erweckendes in uns bewirkt.

Wir danken dir und preisen dich durch Christus, unseren Herrn.

Lied

Maria, dich lieben *(GL 594,5)*

Lesung

Sir 24,17-22

Ich bin die Mutter der schönen Liebe.

Lesung aus dem Buch Jesus Sirach

So spricht die Weisheit Gottes:
Wie ein Weinstock trieb ich schöne Ranken,
meine Blüten wurden zu prächtiger und reicher
    Frucht.
Ich bin die Mutter der schönen Liebe,
der Gottesfurcht,
der Erkenntnis
und der frommen Hoffnung.
In mir ist alle Lieblichkeit des Weges
    und der Wahrheit,
in mir alle Hoffnung des Lebens und der Tugend.

Kommt zu mir, die ihr mich begehrt,
sättigt euch an meinen Früchten!

An mich zu denken ist süßer als Honig,
mich zu besitzen ist besser als Wabenhonig.
Mein Andenken reicht bis zu
    den fernsten Generationen.

Wer mich genießt, den hungert noch,
wer mich trinkt, den dürstet noch.

Wer auf mich hört, wird nicht zuschanden,
wer mir dient, fällt nicht in Sünde.
Wer mich ans Licht hebt, hat ewiges Leben.

Impuls

V   Der Psalmist sagt: „Lobe den Herrn, meine Seele,
und vergiss nicht, was er dir Gutes getan hat"
(Ps 103,2). Das Lob Gottes reinigt unser Herz
und bereitet es auf wunderbare Weise darauf
vor, die göttliche Gnade anzunehmen und die
Anregungen des Heiligen Geistes zu empfangen. Wir wenden uns vertrauensvoll an Maria:

V/A
    Gedenke, gütigste Jungfrau Maria:
    es ist noch nie gehört worden,
    dass jemand,
    der zu dir seine Zuflucht genommen,
    deine Hilfe angerufen,
    um deine Fürbitte gefleht hat,
    von dir sei verlassen worden.

Von solchem Vertrauen beseelt,
nehme ich meine Zuflucht zu dir,
o Mutter, Jungfrau der Jungfrauen.
Zu dir komme ich,
vor dir stehe ich
seufzend als armer Sünder.

O Mutter des ewigen Wortes,
verschmähe meine Worte nicht,
sondern höre mich gnädig an
und erhöre mich.
Amen.

Bernhard von Clairvaux (1090 - 1153)

Lied

Wunderschön prächtige

Wun - der - schön präch - ti - ge, ho - he und
wel - cher ich e wig - lich kind - lich ver-

mäch - ti - ge, lieb - reich hold - se - li - ge
bin - de mich, ja mich mit Leib und mit

himm - li - sche Frau, Gut, Blut und Le - ben
See - le ver - trau;

will ich dir ge - ben; al - les was
im - mer ich hab, was ich bin
geb ich mit Freu-den, Ma - ri - a, dir hin.

2. Sonnenumglänzende, Sternenumkränzete,
   Leuchte und Trost auf der nächtlichen Fahrt!
   Vor dem verderblichen Makel der Sterblichen
   hat dich die Allmacht des Vaters bewahrt.
   Selige Pforte warst du dem Worte,
   als es vom Throne der ewigen Macht
   Gnade und Rettung den Menschen gebracht.

3. Schuldlos Geborene, einzig Erkorene,
   du Gottes Tochter und Mutter und Braut,
   die aus der Reinen Schar Reinste wie keine war,
   die selbst der Herr sich zum Tempel gebaut!
   Du Makellose, himmlische Rose,
   Krone der Erde, der Himmlischen Zier,
   Himmel und Erde, sie huldigen dir!

4. Du bist die Helferin, du bist die Retterin,
   Fürstin des Himmels und Mutter des Herrn!
   Spiegel der Heiligkeit, Stärke der Christenheit,
   Arche des Bundes, hell leuchtender Stern!

Liebreich dich wende, Frieden uns sende,
Mutter, ach wende die Augen uns zu,
lehr uns in Demut zu wandeln wie du!

T.: Kard. v. Geissel 1835 / H. Bone 1847
(nach älteren Vorbildern)
M.: nach Einsiedeln 1773

Entzünden einer Kerze vor einem Marienbild

V Einer Mutter, die uns liebt, erwidern wir unsere Liebe. Maria ist eine uns liebende Mutter. Wir drücken unsere Liebe zu ihr durch das Entzünden einer Kerze vor ihrem Bilde aus. Jeder / jede stellt seine brennende Kerze auf einen Kerzenständer. Dann beten wir alle gemeinsam:

A Liebe Mutter Maria, die Kerze, die ich vor deinem Bilde entzündet habe, ist Zeichen meiner innigen Liebe zu dir und deinem Sohn, der das Licht der Welt ist und unsere Dunkelheit erhellt. Lass dieses Licht Zeichen seiner Liebe sein, die alles Unvollkommene verzehrt und mein Herz erwärmt. Hilf mir im Vertrauen auf dich und deinen Sohn meinen Weg Tag für Tag zu gehen, um am Ende meines Lebens das ewige Licht zu finden. Amen.

Lied

Wir sind nur Gast auf Erden *(GL 656,5)*

Engel des Herrn

V   Wir beten zum Schluss den „Engel des Herrn".
Der Engel des Herrn brachte Maria die Botschaft, und sie empfing vom Heiligen Geist.

V/A
Gegrüßet seist du, Maria, voll der Gnade, der
Herr ist mit dir. Du bist gebenedeit unter den
Frauen, und gebenedeit ist die Frucht deines
Leibes, Jesus.
Heilige Maria, Mutter Gottes,
bitte für uns Sünder jetzt und in der Stunde un-
seres Todes.
Amen.

V   Maria sprach: Siehe, ich bin die Magd des
Herrn; mir geschehe nach deinem Wort.

V/A
Gegrüßet seist du, Maria …

V   Und das Wort ist Fleisch geworden und hat unter uns gewohnt.

V/A
Gegrüßet seist du, Maria …

V   Bitte für uns, heilige Gottesmutter,

A   dass wir würdig werden der Verheißung Christi.

V   Lasset uns beten. – Allmächtiger Gott, gieße deine
Gnade in unsere Herzen ein. Durch die Botschaft des Engels haben wir die Menschwerdung
Christi, deines Sohnes, erkannt. Lass uns durch
sein Leiden und Kreuz zur Herrlichkeit der Auf-

erstehung gelangen. Darum bitten wir durch Christus, unsern Herrn.

A   Amen.

Segensbitte

V   Heiliger Vater im Himmel, dein Sohn Jesus Christus ist für uns Weg und Leben. Er ist unser Erlöser, den uns Maria geboren hat.
Lass uns zusammen mit der Gottesmutter Maria und mit allen Heiligen dich loben und preisen.

A   Amen.

V   Darum bitten wir gemeinsam um deinen Segen.

V/A
Es segne und behüte uns der Vater, der Sohn und der Heilige Geist.
Amen.

Schlusslied

Maria, dich lieben *(GL 594,6)*

Maria –

Jungfrau, von den Völkern gepriesen

„Siehe,
von nun an
preisen mich selig
alle Geschlechter."

(Lk 1,48)

Eröffnung

Lied

Den Herren will ich loben *(GL 261,1-3)*

V Im Namen des Vaters und des Sohnes und des Heiligen Geistes.

A Amen.

Lobpreis

V Vater im Himmel, Maria preist deine erhabene Größe; sie jubelt über dich, ihren Retter. Sie hat allen Grund dazu, weil du Großes an ihr getan hast. Mit Maria hast du den Menschen erhöht.

A Meine Seele preist die Größe des Herrn.

V Vater im Himmel, Maria ist die Jungfrau und Tochter Zion, die dein Gesetz erfüllt und dir deinen Sohn im Tempel darstellt, die Herrlichkeit des Volkes Israel und das Licht aller Völker.

A Meine Seele preist die Größe des Herrn.

V Vater im Himmel, Maria ist die Jungfrau, die du zum Dienst am Geheimnis der Erlösung erwählt hast. Maria freut sich über dein Volk, das dem Erlöser entgegengeht. Sie preist dich, weil du Großes an ihr getan hast, und dein Name heilig ist.

A Meine Seele preist die Größe des Herrn.

Lied

Jubelt, ihr Lande, dem Herrn
(GL 484 mit Psalm 98)

Evangelium

Lk 1,39-56

**Siehe, von nun an preisen mich selig
alle Geschlechter.**

Aus dem heiligen Evangelium nach Lukas

In jenen Tagen machte sich Maria auf den Weg
und eilte in eine Stadt im Bergland von Judäa.
Sie ging in das Haus des Zacharias und begrüßte
    Elisabet.

Als Elisabet den Gruß Marias hörte,
hüpfte das Kind in ihrem Leib.
Da wurde Elisabet vom Heiligen Geist erfüllt
und rief mit lauter Stimme:

Gesegnet bist du mehr als alle anderen Frauen,
und gesegnet ist die Frucht deines Leibes.
Wer bin ich, dass die Mutter meines Herrn
    zu mir kommt?
In dem Augenblick, als ich deinen Gruß hörte,
hüpfte das Kind vor Freude in meinem Leib.
Selig ist die,
die geglaubt hat, dass sich erfüllt,
was der Herr ihr sagen ließ.

Da sagte Maria:
Meine Seele preist die Größe des Herrn,
und mein Geist jubelt über Gott, meinen Retter.
Denn auf die Niedrigkeit seiner Magd
hat er geschaut.
Siehe, von nun an preisen mich selig alle Geschlechter.
Denn der Mächtige hat Großes an mir getan,
und sein Name ist heilig.
Er erbarmt sich von Geschlecht zu Geschlecht
über alle, die ihn fürchten.
Er vollbringt mit seinem Arm machtvolle Taten:
Er zerstreut, die im Herzen voll Hochmut sind;
er stürzt die Mächtigen vom Thron
und erhöht die Niedrigen.
Die Hungernden beschenkt er mit seinen Gaben
und lässt die Reichen leer ausgehen.
Er nimmt sich seines Knechtes Israel an
und denkt an sein Erbarmen,
das er unsern Vätern verheißen hat,
Abraham und seinen Nachkommen auf ewig.

Und Maria blieb etwa drei Monate bei Elisabet;
dann kehrte sie nach Hause zurück.

Lied

Gott ruft sein Volk zusammen *(GL 640,1-3)*

Gebet

V/A

Herr Jesus Christus,
Sohn des Vaters, sende jetzt

deinen Geist über die Erde.
Lass den Heiligen Geist
wohnen in den Herzen aller Völker,
damit sie bewahrt bleiben mögen
vor Verfall, Unheil und Krieg.
Möge Maria,
die von allen Völkern gepriesen wird,
unsere Fürsprecherin sein.
Amen.

Impuls

Die Zeichen unserer Zeit sind dramatisch. Die Verehrung Marias lenkt unseren Blick auf den dreifaltigen Gott, der am Erlösungswerk beteiligt war. Bei diesem Werk will uns Maria unterstützen als Mutter aller Völker. Der selige Arnold Janssen (1837 bis 1909), Gründer des Steyler Missionswerkes, greift den missionarischen Gedanken mit den Worten auf:

„Wenn wir auch der zweiten und der dritten Person in der Gottheit eine besondere Verehrung erweisen, so dürfen wir deshalb weder die erste Person noch das Geheimnis der ganzen Heiligsten Dreifaltigkeit vernachlässigen; ist doch der Vater der Liebesursprung der beiden anderen Personen und der beste und liebenswürdigste aller Väter. Ihn müssen wir anbeten, lieben und verehren, sein Reich der Liebe verbreiten und über die ganze Erde hin die Zahl seiner liebenden Kinder zu vermehren suchen."

V Maria spricht: „Von nun an preisen mich selig alle Geschlechter" (Lk 1,48). Sie ist die Mutter aller Völker, die wir als unsere Mutter Gottes anrufen:

V/A   Mut-ter Got-tes, wir ru-fen zu dir.

V   Dich lo-ben die Chö-re der En-gel,

A   Ma-ri-a, wir ru-fen zu dir!

T. und M.: Seit etwa 1930 (Grüssan)

V/A
Mutter Gottes, wir rufen zu dir!

V   Dich loben die Chöre der Engel,

A   Maria, wir rufen zu dir!

V   Dich loben die Heiligen Gottes,
Dich loben die seligen Scharen,
Dich lobet die heilige Kirche,
Dich loben die Menschen auf Erden,

A   Mutter Gottes, wir rufen zu dir!

V   Du bist ja die Mutter der Gnade,
Der Sitz aller göttlichen Weisheit,
Die Mutter des ewigen Rates,
Die Mutter der göttlichen Stärke,
Die Mutter der schönen Liebe,

A Mutter Gottes, wir rufen zu dir!

V Du bist ja die Herrin der Himmel,
Die Krone aller Jungfrauen,
Die Königin aller Bekenner,
Der Märtyrer himmlische Fürstin,
Die Mutter der heil'gen Apostel,

A Mutter Gottes, wir rufen zu dir!

V Du bist ja der Seligen Freude,
Du bist das Lob der Getreuen,
Die Hilfe der sieghaften Streiter,
Die Ehre aller Gerechten,
Die Liebe der Boten des Friedens,

A Mutter Gottes, wir rufen zu dir!

V Du Reis aus der Wurzel Jesse,
Du Tempel des Heiligen Geistes,
Du Arche des Neuen Bundes,
Du Pforte des himmlischen Reiches,
Du Spiegel der heiligen Kirche,

A Mutter Gottes, wir rufen zu dir!

V Du bist ja die Zuflucht der Sünder,
Die Trösterin in der Betrübnis,
Die Hilfe des Volkes Gottes,
Die Ursache unserer Freude,
Die Mutter aller Erlösten,

A Mutter Gottes, wir rufen zu dir!

V Wir beten gemeinsam zu Maria,
der Mutter aller Völker,
der Mutter der Barmherzigkeit:

A Hilf, Maria, es ist Zeit,
hilf, Mutter der Barmherzigkeit.
Du bist mächtig, uns aus Nöten
und Gefahren zu erretten;
denn wo Menschenhilf gebricht,
mangelt doch die deine nicht.
Nein, du kannst das heiße Flehen
deiner Kinder nicht verschmähen.
Zeige, dass du Mutter bist,
wo die Not am größten ist.
Hilf, Maria, es ist Zeit,
hilf, Mutter der Barmherzigkeit.

Segensbitte

Vertrauensvoll haben wir uns an Maria gewandt.
Wir bitten sie um ihren mütterlichen Segen:

A 1. Seg-ne du, Ma - ri - a, seg-ne mich, dein Kind,

dass ich hier den Frie-den, dort den Him-mel find!

Seg-ne all mein Den-ken, seg-ne all mein Tun,

lass in dei-nem Se - gen Tag und Nacht mich ruhn!

Lass in dei-nem Se - gen Tag und Nacht mich ruhn!

2. Segne du, Maria, alle, die mir lieb,
   deinen Muttersegen ihnen täglich gib!
   Deine Mutterhände breit auf alle aus,
   segne alle Herzen, segne jedes Haus!
   Segne alle Herzen, segne jedes Haus!

3. Segne du, Maria, jeden, der da ringt,
   der in Angst und Schmerzen dir ein Ave bringt!
   Reich ihm deine Hände, dass er nicht erliegt,
   dass er mutig streite, dass er endlich siegt!
   Dass er mutig streite, dass er endlich siegt!

4. Segne du, Maria, unsre letzte Stund!
   Süße Trostesworte flüstre dann dein Mund!
   Deine Hand, die linde, drück das Aug uns zu,
   bleib im Tod und Leben unser Segen du!
   Bleib im Tod und Leben unser Segen du!

T.: Cordula Wöhler, 1870
M.: Karl Riedmüller

Maria –

Du Kelch des Geistes

*„Der Kelch des Segens
ist Teilhabe am Blute Christi."*

(vgl. 1 Kor 10,16)

Eröffnung

Lied

Maria, Mutter unsres Herrn *(GL 577,1-3)*

V Im Namen des Vaters und des Sohnes und des Heiligen Geistes.

A Amen.

Lobpreis

V Gepriesen bist du, Herr, unser Gott, Schöpfer der Welt, dass du uns Maria geschenkt hast. Sie ist das vollkommene Bild des Menschen, weil sie ganz offen war für dich und das Wirken des Heiligen Geistes.

A Gepriesen bist du in Ewigkeit, Herr, unser Gott.

V Gepriesen bist du, Herr, unser Gott, Schöpfer der Welt, dass Maria die Mutter deines Sohnes werden durfte. Ihre Bereitschaft für dich und dein Werk macht sie zu einem Kelch des Geistes und der Hingabe.

A Gepriesen bist du in Ewigkeit, Herr, unser Gott.

V Gepriesen bist du, Herr, unser Gott, Schöpfer der Welt, dass Maria sich vorbehaltlos auf deinen Willen einließ und deinem Erlösungsplan mutig zustimmte. Durch das Wirken des Heiligen Geistes willst du auch uns für dein Werk gebrauchen.

A Gepriesen bist du in Ewigkeit, Herr, unser Gott.

Lied

Maria, Mutter unsres Herrn *(GL 577,4)*

Lesung

1 Kor 10,14-22

Der Kelch des Segens ist Teilhabe am Blute Christi.

Lesung aus dem ersten Brief des Apostels Paulus an die Korinther

Liebe Brüder, meidet den Götzendienst!
Ich rede doch zu verständigen Menschen;
urteilt selbst über das, was ich sage.

Ist der Kelch des Segens,
über den wir den Segen sprechen,
nicht Teilhabe am Blut Christi?
Ist das Brot, das wir brechen,
nicht Teilhabe am Leib Christi?
Ein Brot ist es.
Darum sind wir viele ein Leib;
denn wir alle haben teil an dem einen Brot.

Schaut auf das irdische Israel:
Haben die, welche von den Opfern essen,
    nicht teil am Altar?
Was meine ich damit?

Ist denn Götzenopferfleisch wirklich etwas?
Oder ist ein Götze wirklich etwas?
Nein, aber was man dort opfert,
opfert man nicht Gott, sondern den Dämonen.
Ich will jedoch nicht, dass ihr euch
    mit Dämonen einlasst.

Ihr könnt nicht den Kelch des Herrn trinken
und den Kelch der Dämonen.
Ihr könnt nicht Gäste sein am Tisch des Herrn
und am Tisch der Dämonen.
Oder wollen wir die Eifersucht des Herrn wecken?
Sind wir stärker als er?

Antwortpsalm

Ps 16 (15),1-2 u. 5.7-8.9 u. 11

V/A
    Du zeigst mir, Herr, den Pfad zum Leben.

V   Behüte mich, Gott, denn ich vertraue dir.
    Ich sage zum Herrn: Du bist mein Herr;
    mein ganzes Glück bist du allein.
    Du, Herr, gibst mir das Erbe
    und reichst mir den Becher;
    du hältst mein Los in deinen Händen.

V/A
    Du zeigst mir, Herr, den Pfad zum Leben.

V   Ich preise den Herrn, der mich beraten hat.
    Auch mahnt mich mein Herz in der Nacht.
    Ich habe den Herrn beständig vor Augen.
    Er steht mir zur Rechten, ich wanke nicht.

V/A

Du zeigst mir, Herr, den Pfad zum Leben.

V Darum freut sich mein Herz und
frohlockt meine Seele;
auch mein Leib wird wohnen in Sicherheit.
Du zeigst mir den Pfad zum Leben.
Vor deinem Angesicht herrscht Freude in Fülle,
zu deiner Rechten Wonne für alle Zeit.

V/A

Du zeigst mir, Herr, den Pfad zum Leben.

Meditation

Bischof Egon Kapellari
schreibt zum Thema „*Der Kelch*":

„Der Kelch des Abendmahles weist voraus auf das
Leiden und Sterben Jesu am folgenden Karfreitag
und ist so jener bittere Kelch, um dessen Vorüber-
gang Jesus in Todesangst blutschwitzend den Vater
bitten wird (Mt 26,39). Der Leidenskelch ist jener
Zornesbecher, den die sündige Menschheit verdient
hat und den Jesus stellvertretend bis zur Neige leert.
„Ich, mein Herr Jesus, habe dies verschuldet, was
du erduldet", wird in einer Strophe des alten Pas-
sionsliedes „Herzliebster Jesu" gesungen.

Der Abendmahlskelch ist aber zugleich ein Freu-
den- und Segensbecher. Er verweist auf jenes ewige
Leben, das oft im Bild eines Freudenmahles be-
schrieben wird. Darum sagt Jesus im Bericht des

Matthäusevangeliums über das Abendmahl: „Ich werde von nun an nicht mehr von der Frucht des Weinstocks trinken, bis zu dem Tag, an dem ich von neuem mit euch davon trinke in meines Vaters Reich" (Mt 26,29).

„Könnt ihr den Kelch trinken, den ich trinken werde?" fragt Jesus die Jünger Jakobus und Johannes, die sich um die Plätze zu seiner Rechten und Linken beim Mahl des kommenden Gottesreiches bemühen (Mk 10,38). Der Jünger Christi, der Martyrer, trinkt in der Nachfolge Christi in vollen Zügen aus dem Leidenskelch. Er erlebt aber auch immer schon die Freude des Himmels aus einer tiefen Gewissheit, in Gott geborgen zu sein. Das Trinken aus dem Freudenbecher kann den Trinkenden fähig machen, selbst eine Quelle der Freude zu werden, ein Gefäß mit „neuem Wein", woran andere sich erquicken können. Hier gilt das Wort des heiligen Augustinus an die zur Kommunion herantretenden Christen seiner Gemeinde: „Empfanget, was ihr seid (ein einziger Leib), und werdet, was ihr seht": Christus in Gestalt von Brot und Wein für das Leben der Welt.

Stille

Lied

Was uns die Erde Gutes spendet *(GL 490,1-3)*

Gesätz

aus dem trostreichen Rosenkranz *(GL 33,6)*

Jesus, der in seiner Kirche lebt und wirkt

Lobpreis und Fürbitte

(Wenn gesungen: GL 563)

V/A
Christus gestern, Christus heute, Christus in Ewigkeit.

Fürbitten können aus den folgenden Strophen ausgewählt und durch andere ergänzt werden.

V/A
Erhöre uns, Christus!

V Der heiligen Kirche Gottes Heil und Leben. Du Heiland der Welt,

A stärke und schütze sie.

V Heilige Maria,

A bitte für uns.

V Heiliger Josef,

A bitte für uns.

V Alle Heiligen Gottes,

A bittet für uns.

V/A
Erhöre uns, Christus!

V Dem heiligen Vater Papst N. / Heil und Leben. Du Heiland der Welt,

A stärke und schütze ihn.

V   Heiliger Petrus,

A   bitte für ihn.

V   Heiliger Gregor,

A   bitte für ihn.

V   Ihr heiligen Päpste,

A   bittet für ihn.   (Kv)

V/A
    Erhöre uns, Christus!

V   Den Völkern der Erde / Heil und Leben.
    Du Heiland der Welt,

A   stärke und schütze sie.

V   Heiliger Thomas Morus,

A   bitte für uns.

V   Heiliger Klaus von Flüe,

A   bitte für uns.

V   Ihr heiligen Führer der Völker,

A   bittet für uns.   (Kv)

V/A
    Erhöre uns, Christus!

V   Der verfolgten Kirche / Heil und Leben.
    Du Heiland der Welt,

A   stärke und schütze sie.

V   Heiliger Stephanus,

A   bitte für sie.

V   Heiliger Laurentius,

A   bitte für sie.

V   Ihr heiligen Märtyrer,

A bittet für sie. (Kv)

V/A

Erhöre uns, Christus!

V Den Hungernden und Kranken /
Heil und Leben. Du Heiland der Welt,

A stärke und schütze sie.

V Heilige Elisabeth,

A bitte für sie.

V Heiliger Vinzenz,

A bitte für sie.

V Ihr Freunde der Armen und Kranken,

A bittet für sie. (Kv)

Segensbitte

V Gott, unser Vater, dein Sohn hat am Abend vor
seinem Leiden seinen Jüngern den Kelch ge-
reicht. Im Heilsplan der Menschwerdung Jesu
Christi wurde seine Mutter Maria zum Kelch
des Heiligen Geistes.

Segne uns alle, die wir unsere Gaben bringen,
als Zeichen unserer Hingabe.

V/A

Dazu segne und beschütze uns der Vater und
der Sohn und der Heilige Geist.
Amen.

Schlusslied

Gott sei gelobet und gebenedeiet *(GL 494,1-3)*

Maria –

Du Heil der Kranken

*„Er hat unsere Schmerzen
auf sich geladen."*

(Jes 53,4)

Eröffnung

Lied

Maria, breit den Mantel aus *(GL 595,1-2)*

V Im Namen des Vaters und des Sohnes und des
Heiligen Geistes.

A Amen.

Lobpreis

V Gütiger Vater, wir danken dir, dass du die Jungfrau und Gottesmutter Maria in das Geheimnis
des Leidens eingeweiht hast. Darum ist sie besonders für die Kranken, die sie anrufen, eine
Nothelferin und Fürbitterin an deinem Thron.

A Sei gepriesen für Maria, das Zeichen des Heiles
und der himmlischen Hoffnung.

V Gütiger Vater, wir rühmen deinen heiligen Namen, denn du stellst uns in Maria ein leuchtendes Vorbild vor Augen. Darum dürfen sich die
Kranken und Leidenden an Maria als Helferin
in ihrer Not wenden.

A Sei gepriesen für Maria, das Zeichen des Heiles
und der himmlischen Hoffnung.

V Gütiger Vater, wir preisen deine gütige Vorse-
hung, die uns in Maria, dem Heil der Kranken,
aufleuchtet. Sie folgte ganz deinem Willen und

wurde dadurch ihrem Sohn Jesus Christus ähnlich, der unsere Krankheiten trug.

A   Sei gepriesen für Maria, das Zeichen des Heiles und der himmlischen Hoffnung.

Lied

Maria, breit den Mantel aus *(GL 595,3)*

Lesung

Jes 53,1-5.7-10

Er hat unsere Schmerzen auf sich geladen.

Lesung aus dem Buch Jesaja

Wer hat unserer Kunde geglaubt?
Der Arm des Herrn – wem wurde er offenbar?
Vor seinen Augen wuchs er auf wie ein junger
    Spross,
wie ein Wurzeltrieb aus trockenem Boden.
Er hatte keine schöne und edle Gestalt,
so dass wir ihn anschauen mochten.
Er sah nicht so aus, dass wir Gefallen fanden an ihm.
Er wurde verachtet und von den Menschen
    gemieden,
ein Mann voller Schmerzen,
mit Krankheit vertraut.
Wie einer, vor dem man das Gesicht verhüllt,
war er verachtet;
wir schätzten ihn nicht.

Aber er hat unsere Krankheit getragen
und unsere Schmerzen auf sich geladen.
Wir meinten, er sei von Gott geschlagen,
von ihm getroffen und gebeugt.
Doch er wurde durchbohrt wegen unserer
    Verbrechen,
wegen unserer Sünden zermalmt.
Zu unserem Heil lag die Strafe auf ihm,
durch seine Wunden sind wir geheilt.

Er wurde misshandelt und niedergedrückt,
aber er tat seinen Mund nicht auf.
Wie ein Lamm, das man zum Schlachten führt,
und wie ein Schaf angesichts seiner Scherer,
so tat auch er seinen Mund nicht auf.

Durch Haft und Gericht wurde er dahingerafft,
doch wen kümmerte sein Geschick?
Er wurde vom Land der Lebenden abgeschnitten
und wegen der Verbrechen seines Volkes zu Tode
    getroffen.
Bei den Ruchlosen gab man ihm sein Grab,
bei den Verbrechern seine Ruhestätte,
obwohl er kein Unrecht getan hat
und kein trügerisches Wort in seinem Mund war.

Doch der Herr fand Gefallen an seinem
    zerschlagenen Knecht,
er rettete den, der sein Leben als Sühnopfer hingab.
Er wird Nachkommen sehen und lange leben.
Der Plan des Herrn wird durch ihn gelingen.

Antwortpsalm

Ps 103 (102),1-2.3-4.6-7.8 u. 10

V/A
Lobe den Herrn, meine Seele,
der all deine Gebrechen heilt.

V   Lobe den Herrn, meine Seele,
und alles in mir seinen heiligen Namen!
Lobe den Herrn, meine Seele,
und vergiss nicht, was er dir Gutes getan hat:

A   Lobe den Herrn, meine Seele,
der all deine Gebrechen heilt,

V   der dir all deine Schuld vergibt,
und all deine Gebrechen heilt,
der dein Leben vor dem Untergang rettet
und dich mit Huld und Erbarmen krönt.

A   Lobe den Herrn, meine Seele,
der all deine Gebrechen heilt.

V   Der Herr vollbringt Taten des Heiles,
Recht verschafft er allen Bedrängten.
Er hat Mose seine Wege kundgetan,
den Kindern Israels seine Werke. –

A   Lobe den Herrn, meine Seele,
der all deine Gebrechen heilt.

V   Der Herr ist barmherzig und gnädig,
langmütig und reich an Güte.
Er handelt an uns nicht nach unsern Sünden
und vergilt uns nicht nach unsrer Schuld.

A   Lobe den Herrn, meine Seele,
der all deine Gebrechen heilt.

Lied

Nun jauchzt dem Herrn, alle Welt
(GL 474,1.6 - 7)

Gebet

(abwechselnd)
Maria, du Mutter der Kranken

Maria, du unsere Mutter, wache am Lager aller
Kranken in der Welt:
Wache bei denen, die das Bewusstsein verloren
haben und im Sterben liegen.

Wache bei den Menschen, die alle Hoffnung auf
Genesung verloren haben, die weinen und
schreien vor Schmerzen.

Wache bei denen, die sich nicht pflegen können
aus Mangel an Geld; bei denen, die so gerne
gehen wollen, aber sich nicht bewegen können.

Wache bei den Menschen, die sich schonen
müssten, die aber die Not zur Arbeit zwingt.

Wache bei denen, die nicht schlafen können und
die langen Nächte ruhelos wachen müssen.

Wache bei den Menschen, die von Sorgen um
den Ehepartner, um die Kinder, um die Eltern
oder um liebe Menschen in großer Not sind.

V Maria, du bist unsere Hoffnung in allen Situationen des Lebens, da du immer den Willen
Gottes erfüllt hast. Du bist unter dem Kreuz dei-

nes Sohnes unsere Mutter geworden, weil uns Jesus dir anvertraut hat. Führe uns zu deinem Sohn, unserem Retter und Erlöser.

A Amen.

Gesätz

aus dem schmerzhaften Rosenkranz *(GL 33,4)*

**Jesus,
der für uns das schwere Kreuz getragen hat.**

Lied

Gottes Lamm, Herr Jesu Christ *(GL 161,1-3)*

Segensbitte

V Es segne uns Gott, unser Vater.

A Amen.

V Es segne uns Gott, der Sohn.

A Amen.

V Es segne uns Gott, der Heilige Geist.

A Amen.

V/A

Der Segen des allmächtigen Gottes, des Vaters, des Sohnes und des Heiligen Geistes, komme auf uns herab und bleibe allezeit bei uns. Amen.

Schlusslied

Maria, breit den Mantel aus *(GL 595,4)*

Maria –

Du Zuflucht der Sünder

*„Wo die Sünde mächtig wurde,
da ist die Gnade
übergroß geworden."*

(Röm 5,20b)

Eröffnung

Lied

Maria, Mutter unsres Herrn *(GL 577,1.4)*

V Im Namen des Vaters und des Sohnes und des Heiligen Geistes.

A Amen.

Lobpreis

V Himmlischer Vater, wir preisen dich beim Gedenken an die selige Jungfrau und Gottesmutter Maria. Durch ihren Gehorsam hat sie uns jene Pforte eröffnet, die uns durch den Ungehorsam Evas verschlossen war.

A Wir danken dir für das Werk der Erlösung.

V Himmlischer Vater, wir preisen dich, dass du uns Maria als Fürsprecherin gegeben hast, die unablässig für die Sünder betet, damit sie sich zu ihrem Sohn Jesus Christus bekehren.

A Wir danken dir für das Werk der Erlösung.

V Himmlischer Vater, Maria, die Mutter deines Sohnes eröffnet uns die Quelle der Gnade, indem sie uns zu deinem und ihrem Sohn führt, dem Heiland und Erlöser der Welt.

A Wir danken dir für das Werk der Erlösung.

Lied

Den Herren will ich loben *(GL 261,1-3)*

Lesung

Röm 5,12.17-19

Wo die Sünde mächtig wurde,
da ist die Gnade übergroß geworden.
(Röm 5,20b)

Lesung aus dem Brief des Apostels Paulus
an die Römer

Brüder und Schwestern!
Durch einen einzigen Menschen kam die Sünde
    in die Welt
und durch die Sünde der Tod,
und auf diese Weise gelangte der Tod
    zu allen Menschen,
weil alle sündigten.
Ist durch die Übertretung des einen
der Tod zur Herrschaft gekommen,
    durch diesen einen,
so werden erst recht alle,
denen die Gnade und die Gabe
    der Gerechtigkeit
reichlich zuteil wurde,
leben und herrschen durch den einen,
    Jesus Christus.
Wie es also durch die Übertretung eines einzigen
für alle Menschen zur Verurteilung kam,

so wird es auch durch die gerechte Tat
  eines einzigen
für alle Menschen zur Gerechtsprechung kommen,
die Leben gibt.
Wie durch den Ungehorsam des einen Menschen
die vielen zu Sündern wurden,
so werden auch durch den Gehorsam des einen
die vielen zu Gerechten gemacht werden.

Impuls zur Lesung

Jesus Christus wurde arm wie niemand sonst. Er hatte wie kein anderer gelitten. Er entäußerte sich von seiner göttlichen Herrlichkeit, indem er Mensch wurde, um uns für Gott zu befreien. Er erfüllte damit den Willen seines himmlischen Vaters.

Jede Widerwärtigkeit möchte uns dazu führen, dass wir das Leben in Gott finden. Der Satan möchte uns vom Weg des Lebens abbringen. Weil er der Widersacher Gottes ist, sucht er jede Gelegenheit, um die gottgewollte Ordnung zu stören. Sein Name sagt es aus: diabolos ist einer, der alles durcheinander wirft.

Maria wurde durch ihr Ja-Wort die Pforte des Heiles und der Gnade, die alles in Christus erneuert.

Antwortgesang
Herr, unser Gott, bekehre uns *(GL 193)*

V Der Lobpreis Gottes lässt uns aufblicken, befreit uns von uns selbst, hebt unseren Blick in die Höhe.

Maria preist durch ihr Wort und ihr Leben die Größe des Herrn. Wenn wir Gott loben, dann gewinnt auch der Mensch an Bedeutung. Ehre sei Gott in der Höhe, ist das Motto für ein gelungenes Leben! Wir beten das Gloria:

Gloria

V Ehre sei Gott in der Höhe
und Friede auf Erden den Menschen seiner Gnade.

A Wir loben dich,
wir preisen dich,
wir beten dich an,
wir rühmen dich und danken dir,
denn groß ist deine Herrlichkeit:
Herr und Gott, König des Himmels,
Gott und Vater, Herrscher über das All,
Herr, eingeborener Sohn, Jesus Christus.

V Herr und Gott, Lamm Gottes, Sohn des Vaters,
du nimmst hinweg die Sünde der Welt:
erbarme dich unser;
du nimmst hinweg die Sünde der Welt:
nimm an unser Gebet;
du sitzest zur Rechten des Vaters:
erbarme dich unser.

V/A

>Denn du allein bist der Heilige,
>du allein der Herr,
>du allein der Höchste:
>Jesus Christus,
>mit dem Heiligen Geist,
>zur Ehre Gottes des Vaters. Amen.

Lied

Alle Tage sind und sage
(GL 589,1-4)

V Maria ist für uns ein Wegweiser, der uns auf Jesus ihren Sohn hinweist. Zu ihm wollen wir beten.
Herr Jesus Christus, wir bitten dich: Erhalte uns im Glauben, dass sich an uns dein Wort erfüllt. Gib uns das Feuer der Liebe, damit wir dich und unsere Mitmenschen aufrichtig lieben.

A Amen.

V Nachdem wir Jesus angerufen haben, wenden wir uns an seine Mutter. Maria ist auch unsere Mutter und Fürsprecherin.

A Gegrüßet seist du, Maria, voll der Gnade, der Herr ist mit dir. Du bist gebenedeit unter den Frauen, und gebenedeit ist die Frucht deines Leibes, Jesus.
Heilige Maria, Mutter Gottes, bitte für uns Sünder jetzt und in der Stunde unseres Todes. Amen.

Segensbitte

V Der Herr segne und behüte uns. Er lasse sein Antlitz über uns leuchten und sei uns gnädig. Es segne uns der allmächtige und barmherzige Gott, der Vater und der Sohn und der Heilige Geist.

A Amen.

Schlusslied

Gegrüßet seist du, Königin
(GL 573,1-3.6)

Maria –

Du Trost der Betrübten

„Ein Schwert wird dir durch die Seele dringen."

(Lk 2,35)

Eröffnung

Lied
Maria, Mutter unsres Herrn *(GL 577,1-2)*

V Im Namen des Vaters und des Sohnes und des
   Heiligen Geistes.

A Amen.

Gebet
*nach Papst Johannes Pauls II. vor dem Gnadenbild
der „Trösterin der Betrübten" in Kevelaer am 2. Mai
1987*

V Mit allen Betern,
   die sich mit meinem Gebet vereinen,
   rufe ich dich an
   als unsere Hoffnung
   und Quelle des Trostes.
   Maria, Trösterin der Betrübten,
   bitte für uns.
   Deiner mütterlichen Liebe und Fürsprache
   empfehle ich heute alle,
   die sich voll Zuversicht an dich wenden.

A Zu dir kommen die Gesunden und Glücklichen;
   erhalte in ihnen Freude und Dankbarkeit
   und mache sie empfänglich und hilfsbereit
   für die Not ihrer Mitmenschen
   nah und fern.

V Zu dir kommen die Kranken;
   sie beten um Gesundheit
   der Seele und des Leibes.
   Hilf ihnen ihr Leid tragen;
   lindere ihre Schmerzen
   und erbitte ihnen darin Trost und Heil.

A Zu dir gehen die Blicke
   der Einsamen und Verlassenen,
   vor dir weinen die Trauernden.
   Lass sie erfahren,
   dass du unter dem Kreuz
   unsere Mutter geworden bist
   und vor allem denen mütterlich nahe bist,
   die deiner Hilfe besonders bedürfen.

V Vor dir stehen die jungen Menschen,
   die in das Leben hineingehen.
   Leuchte ihnen als heller Stern
   in den Dunkelheiten der Pilgerschaft,
   dass sie nicht abirren
   vom Weg des Glaubens.

A Vor dir stehen die Menschen
   in der Mitte des Lebens;
   lass sie nicht mutlos werden,
   stärke sie in ihren täglichen Aufgaben
   und führe sie immer tiefer
   in die Nachfolge deines Sohnes.

V Vor dir stehen die Alten, die wissen,
   dass sich ihr Weg durch dieses Erdental
   dem Ende zuneigt.
   Mit ihnen beten wir: Heilige Maria,

zeige uns nach diesem Elende Jesus,
die gebenedeite Frucht deines Leibes.
O gütige, o milde, o süße Jungfrau Maria.

A   Deinem mütterlichen Schutz
empfehlen wir zugleich
die ganze Kirche in diesem Land und aller Welt,
die Alleinstehenden, die Familien
und die Pfarrgemeinden.

V   Mögen alle Christen wachsen
in Glaube, Hoffnung und Liebe.
Mache sie zu glaubwürdigen Zeugen
deines Sohnes,
seiner befreienden Wahrheit
und erlösenden Liebe,
in der allen Menschen guten Willens
ewiges Heil verheißen ist.

A   Mutter des ewigen Wortes,
lehre uns, Christus entgegenzugehen,
unserem wiederkommenden Herrn und Retter,
in dessen seliger Gemeinschaft du lebst
und für uns eintrittst
jetzt und alle Tage und in Ewigkeit. Amen.

Lied

Gegrüßet seist du Königin *(GL 573,2-4)*

Evangelium

Lk 2,27-35

Dir wird ein Schwert durch die Seele dringen.

Aus dem heiligen Evangelium nach Lukas

In jener Zeit
wurde Simeon vom Geist in den Tempel geführt;
und als die Eltern Jesus hereinbrachten,
um zu erfüllen, was nach dem Gesetz üblich war,
nahm Simeon das Kind in seine Arme
und pries Gott mit den Worten:
Nun lässt du, Herr,
deinen Knecht, wie du gesagt hast,
in Frieden scheiden.
Denn meine Augen haben das Heil gesehen,
das du vor allen Völkern bereitet hast,
ein Licht, das die Heiden erleuchtet,
und Herrlichkeit für dein Volk Israel.
Sein Vater und seine Mutter
staunten über die Worte,
die über Jesus gesagt wurden.
Und Simeon segnete sie
und sagte zu Maria, der Mutter Jesu:
Dieser ist dazu bestimmt,
dass in Israel viele durch ihn zu Fall kommen
und viele aufgerichtet werden,
und er wird ein Zeichen sein,
    dem widersprochen wird.
Dadurch sollen die Gedanken vieler Menschen
    offenbar werden.
Dir selbst aber
wird ein Schwert durch die Seele dringen.

Antwortpsalm

Ps 85 (84),9-10.11-12.13-14

V/A

    Frieden verkündet der Herr seinem Volk.

V   Ich will hören, was Gott redet:
    Frieden verkündet der Herr seinem Volk,
    den Menschen mit redlichem Herzen.
    Sein Heil ist denen nahe, die ihn fürchten.
    Seine Herrlichkeit wohne in unserm Land.

A   Frieden verkündet der Herr seinem Volk.

V   Es begegnen einander Huld und Treue,
    Gerechtigkeit und Friede küssen sich.
    Treue sprosst aus der Erde hervor;
    Gerechtigkeit blickt vom Himmel hernieder.

A   Frieden verkündet der Herr seinem Volk.

V   Auch spendet der Herr dann Segen,
    und unser Land gibt seinen Ertrag.
    Gerechtigkeit geht vor ihm her,
    und Heil folgt der Spur seiner Schritte.

A   Frieden verkündet der Herr seinem Volk.

Lied

Gegrüßet seist du, Königin *(GL 573,5-6)*

Betrachtung

Ist das wahrer Trost, das eigene Leid mit dem des anderen zu vergleichen und zu sehen, dass es ihm vielleicht noch schlechter geht?

Hilft es einem betrübten Menschen, sich das Leid eines anderen anzuschauen?

Wohl kaum.

Und trotzdem ist sicher das Bild der Pieta, der Mutter mit ihrem toten Sohn auf dem Schoß, eines der trostreichsten Marienbilder in unseren Kirchen. Dieses Andachtsbild hat durch alle Zeiten viele angesprochen, und bestimmt waren nicht alle davon glückselige Menschen.

Aber das ist es auch gar nicht, was die Verehrung Mariens unter dem Ehrentitel „Trost der Betrübten" meint.

Warum aber kann man im Blick auf die Gottesmutter Trost finden, im Blick auf die, die selbst in ihrem Leben so viel erlitten hat? Vielleicht, weil wir uns selbst in Maria wiederfinden.

Bei der Darstellung Jesu im Tempel kündigt ihr der greise Simeon das auf sie zukommende Leid an.

Als die Eltern Jesu ihn auf dem Heimweg von Jerusalem nicht finden können, kehren sie voller Sorge und Angst um und suchen ihn in der Stadt. Welches Leid einer Mutter, deren einziges Kind verschwunden ist! Oder unter dem Kreuz, als Maria ihren Sohn sterben sieht, hingerichtet wie ein Verbrecher. Welch ein Schmerz ergreift sie und zerreißt ihr das liebende Mutterherz.

Aber genauso erfährt sie in diesen Situationen Trost:
Die Worte der Verheißung, die Simeon über das Kind
spricht, die Worte Jesu im Tempel, die seine Eltern
zwar nicht verstehen, Maria aber in ihrem Herzen
bewahrt.

Und schließlich das Wort Jesu am Kreuz, mit dem er
seine Mutter der Fürsorge des Jüngers anvertraut.

Das Tröstende an diesen Worten ist nicht immer
gleich zu sehen, es liegt verborgen in der Auferstehung. Gott hat Maria getröstet in der Auferstehung
Christi, er, der Trost der ganzen Welt, lebt.

So wird Maria, die an Pfingsten im Kreis der Jünger
den Heiligen Geist empfängt, den Geist des Trostes,
für alle Bedrängten und Betrübten zum Trost.

Sie wird zu einem strahlenden Zeichen des Trostes
für alle, die an Christus glauben.

Maria hat alles Leid der Welt kennen gelernt, ja,
selbst erlitten. Nichts ist ihr fremd, und gerade deshalb haben wir in ihr eine so große Fürsprecherin.
Sie, die immer für uns da ist, mit ihrem Trost und
ihrer Fürsprache, weiß um unsere Nöte.

So dürfen wir uns immer voller Vertrauen an sie
wenden, an sie, die in der Herrlichkeit des Himmels
ihren Sohn schaut, den Trost der ganzen Welt.

(nach einer kurzen Zeit der Stille)

V   Beten wir gemeinsam, wie Christus uns zu be-
      ten gelehrt hat:

A   Vater unser …
      Amen.

Schlussgebet

V Vater des Erbarmens und Gott allen Trostes,
dein Sohn hat am Kreuz
die selige Jungfrau Maria, seine Mutter,
auch uns zur Mutter gegeben.
Höre auf ihre Fürsprache
und schenke uns in allen Nöten
deinen Trost und deine Hilfe.
Darum bitten wir durch Jesus Christus,
unseren Herrn.

A Amen.

Segensbitte

V Gott der Herr schenke uns Kraft und Stärke,
damit wir aushalten auch unter dem Kreuz
und nicht verzagen.
Er lasse uns seine Güte und Hilfe erfahren,
auf dass wir voller Zuversicht und Mut den
Weg unseres Lebens gehen.
In Maria hat Gott uns ein leuchtendes Vorbild
des Glaubens gegeben, auf ihre Fürsprache
schenke er uns seinen Segen.

A Amen.

V Das gewähre uns der dreieinige Gott,
der Vater, der Sohn und der Heilige Geist.

A Amen.

Schlusslied

Lasst uns erfreuen herzlich sehr *(GL 585,1-2)*

Maria –

Du Königin, aufgenommen in den Himmel

*„Ein großes Zeichen
erschien am Himmel:
eine Frau, mit der Sonne bekleidet,
der Mond unter ihren Füßen."*

(Offb 12,1)

Eröffnung

Lied

Maria aufgenommen ist *(GL 587,1-4)*

V   Im Namen des Vaters und des Sohnes und des Heiligen Geistes.

A   Amen.

Lobpreis

V   Vater der Herrlichkeit, du hast die jungfräuliche Gottesmutter Maria in den Himmel erhoben. Von ihrem Sohn Jesus Christus empfing sie die Herrlichkeit, die uns allen verheißen ist.

A   Wir danken dir für das Werk deiner Gnade.

V   Vater der Herrlichkeit, Maria wurde in ihrer Vollendung zum Urbild der Kirche. Sie ist die Frau, die mit der Sonne bekleidet, den Mond zu ihren Füßen hat und auf dem Haupt einen Kranz von 12 Sternen trägt.

A   Wir danken dir für das Werk deiner Gnade.

V   Vater der Herrlichkeit, Maria ist deinem pilgernden Volk ein Zeichen der Hoffnung und eine Quelle des Trostes. Ihre einzigartige Auszeichnung hat sie von ihrem Sohn, den sie in ihrem Leib getragen hat. Da sie den Urheber des Lebens geboren hat, sollte ihr Leib nicht verwesen, sondern eingehen in deine Herrlichkeit.

A   Wir danken dir für das Werk deiner Gnade.

V   Vater der Herrlichkeit, du hast Maria aufge-
nommen in den Himmel. Die Vollendung der
Welt und des Menschen ist in Maria bereits
Wirklichkeit geworden. Wie in Adam alle ster-
ben, so werden durch Jesus Christus, den Sohn
Mariens, alle lebendig gemacht.

A   Wir danken dir für das Werk deiner Gnade.

Lied

Wunderschön prächtige *(s. S. 51)*

Lesung

Offb 11,19a; 12,1-6a.10ab

*Ein großes Zeichen erschien am Himmel: eine
Frau, mit der Sonne bekleidet, der Mond unter
ihren Füßen.*

Lesung aus der Offenbarung des Johannes

Der Tempel Gottes im Himmel wurde geöffnet,
und in seinem Tempel wurde die Lade seines Bundes sichtbar.
Dann erschien ein großes Zeichen am Himmel:
eine Frau, mit der Sonne bekleidet;
der Mond war unter ihren Füßen
und ein Kranz von zwölf Sternen auf ihrem Haupt.
Sie war schwanger
und schrie vor Schmerz in ihren Geburtswehen.

Ein anderes Zeichen erschien am Himmel:
ein Drache, groß und feuerrot,
mit sieben Köpfen und zehn Hörnern
und mit sieben Diademen auf seinen Köpfen.
Sein Schwanz fegte ein Drittel der Sterne
    vom Himmel
und warf sie auf die Erde herab.
Der Drache stand vor der Frau, die gebären sollte;
er wollte ihr Kind verschlingen,
sobald es geboren war.
Und sie gebar ein Kind,
einen Sohn,
der über alle Völker mit eisernem Zepter
    herrschen wird.
Und ihr Kind wurde zu Gott und zu seinem Thron
    entrückt.
Die Frau aber floh in die Wüste,
wo Gott ihr einen Zufluchtsort geschaffen hatte.
Da hörte ich eine laute Stimme im Himmel rufen:
Jetzt ist er da, der rettende Sieg,
die Macht und die Herrschaft unseres Gottes
und die Vollmacht seines Gesalbten.

Stille

Meditation

von Karl Rahner S. J.

Leben der Vergänglichkeit war Mariä Leben, wie
unser eigenes. Und doch, in einem war es ganz
anders. Unser Leben, ach wie so rätselhaft und un-

begreiflich ist es, nicht durch die Dunkelheit des Schicksals – an diesem gemeinsamen Los hatte ja auch Maria ihren Anteil –, sondern unbegreiflich und rätselhaft durch die Schuld. Diese macht unser Leben so widersinnig und wirr. In unserem Leben ist das Ewige, das den Augenblicken unseres Daseins eingesenkt ist, bald gut, bald böse. Und wenn durch Gottes Gnade ein Augenblick der Reue wieder tilgt, was böse Stunden in der Tiefe unseres Wesens als Ewigkeit schaffen wollten, eines bleibt auch dann noch: diese bösen Stunden sind für ewig verronnen, für ewig leer … kein Mensch holt sie mehr zurück, um sie noch einmal, um sie jetzt gut zu leben, nie mehr wird auf ihnen liegen der strahlende Schein der Güte, der leuchten sollte wie ein ewiger Morgen. Nur von einem Menschen außer Jesus wissen wir ein ander Leben, von Maria, der Jungfrau, der Makellosen, der immer Reinen. *Da* ist es doch einmal wahr geworden, was unser Herz in seinen bitteren Erfahrungen fast nicht glauben kann: Es gibt einen Menschen, der ohne Reue in seine Ewigkeit eingehen kann, Maria. Sie braucht nicht einen Augenblick ihres Lebens zu verleugnen, keiner ist leer und tot geblieben. Sie darf zu jeder Tat ihres Lebens stehen, keine war dunkel, keine ist versunken, ohne ein ewiges Leuchten zu entzünden, ohne zu strahlen mit *der* Leuchtkraft, die die sittlichen Möglichkeiten jedes Augenblickes restlos aufbrauchte. Solch ein Leben ging zu Ende mit Mariens Heimgang, nein, ging nicht zu Ende: Es starb ja nur das Vergängliche, damit das Ewige ihres Lebens offenbar werde, jenes ewige Licht aus all den tausend Kerzen, von denen jeder Augenblick ihres Lebens eine entzündete. So ist ihr ganzes Leben eingegangen in die Ewigkeit, jeder Tag, jede Stunde, jeder Wellenschlag des Lebens ihrer Seele, alle Freude und aller Schmerz, die großen und die kleinen Stunden, nichts ist verloren, alles lebt weiter in der ewigen Güte der heimgegangenen Seele.*

Prozession

Alle ziehen zu einem Marienbild. Dort erhält jeder eine Kerze, zündet sie an der brennenden Osterkerze an und stellt sie anschließend in einen dafür vorbereiteten Ständer.

Danach spricht der Vorbeter:

Die brennende Osterkerze erinnert uns an Christus, das Licht der Welt. Sein Licht vertreibt die Dunkelheit unserer Herzen. Maria verweist durch Wort und Tat ganz auf ihren Sohn, der die Welt erleuchtet. In Maria berühren sich Himmel und Erde. Sie ist für uns die Immaculata, die Makellose, die es in ihrem Leben nicht immer leicht hatte. Sie versteht uns in unseren Sorgen. Alle Anliegen können wir zu ihr tragen. Unsere brennenden Kerzen drücken sie symbolisch aus. Mit dem folgenden Lied wollen wir Maria verehren:

---

*   Aus: *Karl Rahner*, Das große Kirchenjahr, © Verlag Herder, Freiburg, 4. Auflage 1994.

1. Maria, wir verehren den heil'gen Namen dein,
und deinen Ruhm zu mehren, soll unsre Freude sein.
Heilige Maria, uns zum Heil geboren,
dich begrüßen Groß und Klein, loben dich, Maria rein!

2. Maria, sieh, dich nennet dein Name Herrscherin;
die ganze Welt erkennet in dir die Königin.
Heilige Maria, uns zum Heil geboren,
dich begrüßen Groß und Klein, loben dich, Maria rein!

3. Dein Nam kann auch bedeuten das weite, tiefe Meer;
draus fließt zu allen Zeiten die Gnade reichlich her.
Heilige Maria, uns zum Heil geboren,
dich begrüßen Groß und Klein, loben dich, Maria rein!

4. Dein Nam auch lässt uns sehen in dir den Meeresstern;
o Stern aus Himmelshöhen, leucht allen nah und fern!
Heilige Maria, uns zum Heil geboren,
dich begrüßen Groß und Klein, loben dich, Maria rein!

5. O Stern, leucht uns auf Erden, o Meer, gieß Gnaden aus,
hilf, dass wir selig werden, führ uns ins Vaterhaus!
Heilige Maria, uns zum Heil geboren,
dich begrüßen Groß und Klein, loben dich, Maria rein!

T.: Münster 1865
M.: Köln 1707

Danach gehen alle wieder auf ihre Plätze und beten das

Gesätz
aus dem glorreichen Rosenkranz *(GL 33/5)*

Jesus, der dich, o Jungfrau, in den Himmel aufgenommen hat

Gebet

V Die orthodoxe Kirche redet nicht vom Fest der Aufnahme der Gottesmutter in den Himmel, sondern der Osten spricht vom „Entschlafen der Gottesmutter". Der hl. Johannes Chrysostomus († 407) hat uns dazu das schöne Gebet überliefert, das wir gemeinsam sprechen wollen:

Hocherhabene seligste Jungfrau!
Du thronst auf dem himmlischen Sitz der Seligen,
allem Irdischen bist du entrückt,
bekleidet mit dem Gewande der Unsterblichkeit.
Hilfe der Christen, Hoffnung der Sünder!
Bleibe stets huldvoll geneigt deinem Geschlechte!

Sei mir allenthalben Zuflucht und Heil,
und allen erzeige deine Hilfe!

Segensbitte

V Ewiger Gott, nach deinem Bild hast du den
Menschen geschaffen. Auch dein Sohn ist Mensch
geworden, geboren von der Jungfrau und Gottesmutter Maria. Von ihm empfing sie die Herrlichkeit, die uns allen verheißen ist. Wir bitten
um deinen Segen auf unserem Pilgerweg:

A Es segne uns Gott der Vater, der Sohn und der
Heilige Geist.
Amen.

Schlusslied

Freu dich, du Himmelskönigin *(GL 576,1-4)*

Maria –

Du Königin des Friedens

„Seine Herrschaft ist groß,
und der Friede hat kein Ende."

(Jes 9,6)

Eröffnung

Lied

Gegrüßet seist du, Königin *(GL 573,1-3)*

V Im Namen des Vaters und des Sohnes und des Heiligen Geistes.

A Amen.

Lobpreis

V/A

Heiliger Vater, wir danken dir beim Gedenken an die Jungfrau Maria, Christi Mutter und Jüngerin, unsere Königin des Friedens.

V Du hast Großes an ihr getan. Maria hörte aus Gabriels Munde deine Botschaft und empfing in ihrem jungfräulichen Schoß deinen Sohn Jesus Christus, den Fürsten des Friedens.

A Heiliger Vater, wir danken dir beim Gedenken an die Jungfrau Maria, Christi Mutter und Jüngerin, unsere Königin des Friedens.

V Du hast Großes an ihr getan. Deshalb hielt sie als die getreue Mutter unter dem Kreuze ihres Sohnes aus, der uns in seinem Blute den Frieden gestiftet hat.

A Heiliger Vater, wir danken dir beim Gedenken an die Jungfrau Maria, Christi Mutter und Jüngerin, unsere Königin des Friedens.

V Du hast Großes an ihr getan. Deshalb wurde sie
   als Christi Schülerin zur Jüngerin des Friedens.
   Mit den Aposteln erwartete Maria nach der
   Auferstehung ihres Sohnes den verheißenen
   Heiligen Geist, den Geist der Einheit, des Frie-
   dens und der Liebe.

A Heiliger Vater, wir danken dir beim Gedenken
   an die Jungfrau Maria, Christi Mutter und Jüngerin, unsere Königin des Friedens.

Lied

Gegrüßet seist du, Königin *(GL 573,4-5)*

Lesung

Jes 9,1-6

***Seine Herrschaft ist groß, und der Friede
hat kein Ende.***

Lesung aus dem Buch Jesaja

Das Volk, das im Dunkel lebt,
sieht ein helles Licht;
über denen, die im Land der Finsternis wohnen,
strahlt ein Licht auf.
Du erregst lauten Jubel
und schenkst große Freude.
Man freut sich in deiner Nähe,
wie man sich freut bei der Ernte,
wie man jubelt, wenn Beute verteilt wird.
Denn wie am Tag von Midian

zerbrichst du das drückende Joch,
das Tragholz auf unserer Schulter und den Stock
    des Treibers.

Jeder Stiefel, der dröhnend daherstampft,
jeder Mantel, der mit Blut befleckt ist,
    wird verbrannt,
wird ein Fraß des Feuers.

Denn uns ist ein Kind geboren,
ein Sohn ist uns geschenkt.
Die Herrschaft liegt auf seiner Schulter;
man nennt ihn: Wunderbarer Ratgeber, Starker Gott,
Vater in Ewigkeit, Fürst des Friedens.
Seine Herrschaft ist groß,
und der Friede hat kein Ende.
Auf dem Thron Davids herrscht er über sein Reich;
er festigt und stützt es durch Recht und
    Gerechtigkeit,
jetzt und für alle Zeiten.
Der leidenschaftliche Eifer des Herrn der Heere
wird das vollbringen.

Stille

Antwortpsalm

Ps 85 (84), 9-10.11-12.13-14

V/A
    Frieden verkündet der Herr seinem Volk.

V Ich will hören, was Gott redet:

Frieden verkündet der Herr seinem Volk und
seinen Frommen,
den Menschen mit redlichem Herzen.

Sein Heil ist denen nahe, die ihn fürchten.
Seine Herrlichkeit wohne in unserm Land.

V/A

Frieden verkündet der Herr seinem Volk.

V Es begegnen einander Huld und Treue,
Gerechtigkeit und Friede küssen sich.

Treue sprosst aus der Erde hervor;
Gerechtigkeit blickt vom Himmel hernieder.

V/A

Frieden verkündet der Herr seinem Volk.

V Auch spendet der Herr dann Segen,
und unser Land gibt seinen Ertrag.

Gerechtigkeit geht vor ihm her,
und Heil folgt der Spur seiner Schritte.

V/A

Frieden verkündet der Herr seinem Volk.

Impuls

V Anlass zur Einfügung der Anrufung Marias als
Königin des Friedens in die Lauretanische Litanei
1917 durch Papst Benedikt XV. war die Kriegs-
not der Völker. Diese Anrufung hat an ihrer
Aktualität nichts eingebüßt, sie ist jedoch um-
fassender, da sich der Friede im Herzen jedes
Menschen entfalten muss. Es gibt keinen wah-

ren Frieden ohne Gott. Der eigentliche Friedens-
zerstörer ist die Sünde, die letztlich eine Auf-
lehnung gegen Gottes heiligen Willen ist. Wenn
wir Maria als *Königin des Friedens* anrufen, dann
suchen wir bei ihr Zuflucht und Hilfe in unserer
Sündennot. Benedikt XV. begründete seine Er-
gänzung der Lauretanischen Litanei damit, dass
Maria, die Mutter der Barmherzigkeit, durch die
Gnade Gottes allvermögend sei und die „Seuf-
zer" der Menschen von jedem Winkel der Erde
zu Gott emportragen kann:

Gebet

Wir wollen uns gemeinsam mit dem „Salve Regina" an Maria wenden *(wenn gesungen: GL 571):*

A   Sei gegrüßt, o Königin,
     Mutter der Barmherzigkeit;
     unser Leben, unsre Wonne
     und unsre Hoffnung, sei gegrüßt!
     Zu dir rufen wir verbannte Kinder Evas;
     zu dir seufzen wir trauernd und weinend
     in diesem Tal der Tränen.
     Wohlan denn, unsre Fürsprecherin,
     wende deine barmherzigen Augen uns zu,
     und nach diesem Elend zeige uns Jesus,
     die gebenedeite Frucht deines Leibes!
     O gütige, o milde, o süße Jungfrau Maria.

Fürbitten

V Vater im Himmel, wir danken dir, dass du Maria zur Mutter des Erlösers erwählt und uns zur Fürsprecherin gegeben hast.
Du hast Maria zur Mutter deines Sohnes auserwählt. Lass die Kirche unter ihrem Schutz geborgen sein.

A Höre auf die Fürbitte der seligen Jungfrau Maria.

V Du hast Maria uns Menschen zur Mutter gegeben. Gewähre den Kranken Heilung und den Trauernden Trost.

A Höre auf die Fürbitte der seligen Jungfrau Maria.

V Du hast Maria deine Gnade in Fülle geschenkt. Schenke uns Sündern auf ihre Fürsprache Vergebung und eine tiefe Liebe zu Gott und den Menschen.

A Höre auf die Fürsprache der seligen Jungfrau Maria.

V Du hast Maria zur Königin des Friedens gemacht. Bewahre uns vor Terror und Kriegen und schenke uns deinen Frieden.

A Höre auf die Fürsprache der seligen Jungfrau Maria.

V Du hast Maria mit Leib und Seele in den Himmel aufgenommen. Schenke unseren Verstorbenen das ewige Leben mit Maria und allen Heiligen.

A   Höre auf die Fürsprache der seligen Jungfrau Maria.

V   Gütiger Gott, du hast Maria, die Mutter deines Sohnes, auch uns zur Mutter gegeben. Wir ehren sie als unsere Königin und danken dir für ihre Fürbitte. Darum bitten wir durch Christus, unseren Herrn.

Lied

Gegrüßet seist du, Königin *(GL 573,6)*

Regina caeli

V   Freu dich, du Himmelskönigin, Halleluja!

A   Den du zu tragen würdig warst, Halleluja,

V   er ist auferstanden, wie er gesagt hat, Halleluja.

A   Bitt Gott für uns, Halleluja.

V   Freu dich und frohlocke, Jungfrau Maria, Halleluja,

A   denn der Herr ist wahrhaft auferstanden, Halleluja.

V   Lasset uns beten. – Allmächtiger Gott, durch die Auferstehung deines Sohnes, unseres Herrn Jesus Christus, hast du die Welt mit Jubel erfüllt. Lass uns durch seine jungfräuliche Mutter Maria zur unvergänglichen Osterfreude gelangen. Darum bitten wir durch Christus, unseren Herrn.

A   Amen.

Segensbitte

V Der Herr sei vor uns, um uns dem Weg zu zeigen.

A Der Herr sei hinter uns, um uns vor Bösem zu schützen.

V Der Herr sei neben uns, um uns zu begleiten, wenn wir allein sind.

A Der Herr sei in uns, um uns zu trösten und zu ermutigen.

V Der Herr sei unter uns, um uns zu stützen und aufzufangen, wenn wir fallen.

A Der Herr sei über uns, um zu segnen.
Amen.

Schlusslied

Salve Regina *(GL 570)*

Anhang

Eucharistische Aussetzung

Anstelle der Segensbitte der vorliegenden Andachten oder auch an anderer geeigneter Stelle kann eine eucharistische Aussetzung eingefügt werden. Zu Beginn wird nach einer *Stille* ein Sakramentslied gesungen; anschließend kann eine Litanei oder auch der Abschnitt einer Litanei gebetet werden. Fürbitten haben hier ihren geeigneten Platz.

Lied

Gottheit tief verborgen *(GL 546)*
oder
Das Heil der Welt *(GL 547)*

Litaneien zur Aussetzung

Abschnitte aus der Litanei von der Gegenwart Gottes GL 764,1-4

V Gott, unser Vater, du bist uns nahe in deinem Sohn, der in der heiligen Eucharistie gegenwärtig ist. Wir rufen zu dir:
Sei hier zugegen, Licht unseres Lebens.

A Sei hier zugegen in unsrer Mitte.

V Lös unsre Blindheit, dass wir dich sehen.

A Mach unsre Sinne wach für dein Kommen.

V	Zeig deine Nähe, dass wir dich spüren.
A	Weck deine Stärke, komm und befreie uns.
V	Sei hier zugegen, damit wir leben.
A	Sei hier zugegen, stark wie ein Feuer.
V	Flamme und Leben, Gott bei den Menschen.
A	Komm und befreie uns, damit wir leben.
V	Komm uns zu retten wie Licht in der Frühe.
A	Komm wie der helle Tag, Licht unsern Augen.
V	Sei hier zugegen mit deinem Leben,
A	in unsrer Mitte, Gott bei den Menschen.
V	Herr aller Mächte, Gott für die Menschen.
A	Zeig uns dein Angesicht, gib uns das Leben.
V	Oder bist du, o Gott, ein Gott der Toten?
A	Komm, sei uns nahe, damit wir leben.
V	Oder bist du, o Gott, kein Gott der Menschen?
A	Komm und erleuchte uns, komm und befreie uns.
V	Du Licht am Morgen, komm und befreie uns.
A	Gott für uns alle, heute und morgen.
V	Tausend Geschlechter währt deine Treue.
A	Du bist auch heute ein Gott für die Menschen.

GL 764,5-9

V	Gott, unser Vater, du bist uns nahe in deinem Sohn, der in der heiligen Eucharistie gegenwärtig ist. Wir rufen zu dir: Du bist uns nahe seit Menschengedenken.
A	Gott, du bist heilig. Wer kann dich sehen?

V	Unendlich fern von uns und doch so nahe.
A	Doch du bist nicht der Gott, den wir uns denken.
V	Lässt dich nicht finden, bist wie ein Fremder,
A	und deine Torheit ist weiser als Menschen.
V	Und deine Ohnmacht ist stärker als Menschen.
A	Wer bist du, Gott? Wie ist dein Name?
V	Heiliger Gott, unsterblicher Gott.
A	Sei hier zugegen, lass uns nicht sterben.
V	Gott, was ist ohne dich für mich der Himmel?
A	Gib deinen Namen uns, ein Zeichen des Lebens.
V	Wenn du nicht da bist, was soll ich auf Erden?
A	Sei du uns gnädig und hab Erbarmen.
V	Sei unser Atem, sei Blut in den Adern.
A	Sei unsre Zukunft, sei unser Vater.
V	Denn in dir leben wir, in dir bestehen wir.
A	In deinem Licht können wir sehen.
V	Sei du uns gnädig und lass uns hoffen.
A	Denn du bist Gott, warum müssen wir sterben?
V	Denn nicht die Toten sprechen von dir,
A	die Toten alle in ihrer Stille.
V	Doch wir, die leben, rufen nach dir
A	an diesem Tag, in dieser Nacht,
V	schrein deinen Namen und wollen dich sehen,
A	warten auf dich, wissen es selber nicht,
V	wollen dich sehen wirklich und nahe.
A	Alle die Lebenden warten und hoffen.

V   Tu deine Hand auf, so sind wir gesättigt.

A   Kehre dich nicht ab von uns. Lass uns nicht sterben.

GL 764,10-13

V   Gott, unser Vater, du bist uns nahe in deinem Sohn, der in der heiligen Eucharistie gegenwärtig ist. Wir rufen zu dir:
Lass uns nicht fallen zurück in den Staub.

A   Send deinen Geist aus, Neues zu schaffen.

V   Flamme des Lebens, Licht unsres Lichtes.

A   Send deinen Geist aus, neu uns zu schaffen.

V   Tiefe des Herzens, Licht unsres Lichtes.

A   Send deinen Geist aus, neu uns zu schaffen.

V   Gib dieser Erde ein neues Angesicht.

A   Mit allen Menschen, wo sie auch leben,

V   mit all den Menschen, die je geboren,

A   mit all den Vielen, die niemand zählen kann,

V   rufen wir dich: Sei hier zugegen.

A   In dieser Stunde, Gott, sei uns nahe.

V   An diesem Ort sei unser Friede.

A   In unsern Häusern wohne der Friede.

V   Auf unsern Tischen Brot für den Frieden.

A   Für unsre Kinder sei du die Zukunft.

V   Licht der Verheißung, Menschen in Frieden.

A   Wie lange müssen wir noch auf dich warten?

V   Erscheine wieder und schaffe den Frieden.

A   Wie lange müssen wir noch auf dich warten?

V   Erscheine wieder, damit wir bestehen.

A   Licht, das uns leuchtet, gib neues Leben.

V   Wie lange müssen wir noch auf dich warten?

A   Licht, das uns leuchtet, Licht unsres Lebens.

V   Auf dich vertrauen wir, auf den Lebendigen.

A   Könntest du jemals Vertrauen enttäuschen?

oder: *aus der Litanei vom Heiligsten Sakrament*
(GL 767)

V   Herr Jesus Christus, du bist unser Heiland und Erlöser. Du bist mitten unter uns im Heiligsten Sakrament des Altares. Wir rufen zu dir:

Christus, du Brot des Lebens,

A   erbarme dich unser.

V   Du Gott und Mensch
Du Verborgener
Du in unsrer Mitte
Du Osterlamm
Du Opfer für die Welt
Du Quelle der Gnade
Du unsere Nahrung
Du unsere Freude
Du Heil der Kranken
Du Trost der Trauernden
Du Kraft der Sterbenden
Du unsere Hoffnung
Du Brot vom Himmel

Durch dieses Zeichen deiner Liebe

A Herr, befreie uns.

V Durch dieses Zeichen deiner Treue
Durch deine Gegenwart

Dass wir stark werden im Glauben

A wir bitten dich, erhöre uns.

V Dass wir deinen Tod verkünden
Dass wir deine Auferstehung preisen
Dass wir nach deinem Mahl verlangen
Dass wir an deinem Tisch vereint sind
Dass wir deinen Weg erkennen
Dass wir den Weg gehen in der Kraft deiner
Speise
Führe uns zum Hochzeitsmahl des ewigen
Lebens.

Lied

Tantum ergo *(GL 541)* oder

Sakrament der Liebe Gottes *(GL 542)* oder

Nahe wollt der Herr uns sein *(GL 617)*

(Wenn ein Priester oder Diakon der Andacht vorsteht, erteilt er den sakramentalen Segen; wenn nicht, dann wird das Allerheiligste reponiert.)

Schlusslied

Lasst uns loben, freudig loben *(GL 637,1-3)*

Quellenverzeichnis

Remigius Bäumer / Leo Scheffczyk (Hg.),
Marienlexikon. Bd. 4, St. Ottilien 1992.

Gebete und Gesänge zur Kevelaerwallfahrt,
Kevelaer ²1996.

Gotteslob. Katholisches Gebet- und Gesangbuch.

Egon Kapellari, Hl. Zeichen in Liturgie und Alltag, Styria
Verlag Graz - Wien - Köln 1997, S. 67f.

Messbuch. Sammlung von Marienmessen,
Freiburg-Basel u. a. 1990.

Messlektionar. Sammlung von Marienmessen,
Freiburg – Basel u. a. 1990.

Chrysostomus Ripplinger, Marienlob in der Gemeinde.
Maiandachten, Kevelaer ²1997.

Theo Schmidkonz, Maria – Gestalt des Glaubens.
Marienandachten, Leipzig ⁶1999.

Die Ständige Kommission für die Herausgabe der gemeinsamen liturgischen Bücher im deutschen Sprachgebiet erteilte für die aus diesen Büchern entnommenen Texte die Abdruckerlaubnis. Die darin enthaltenen biblischen Texte sind Bestandteil der von den Bischofskonferenzen des deutschen Sprachgebietes approbierten Einheitsübersetzung der Hl. Schrift.

Wir haben uns bemüht, alle Inhaber von Textrechten in Erfahrung zu bringen. Für zusätzliche Hinweise sind wir dankbar.